FAIRE
L'HUMOUR
–AVEC–
P-A MÉTHOT

GABRIELLE **DUBÉ**

FAIRE
L'HUMOUR
–AVEC–
P-A MÉTHOT

ÉDITIONS
SYLVAIN
HARVEY

Conception, édition et direction du projet : Sylvain Harvey
Révision linguistique : Solange Deschênes
Photo de la page couverture : Pierre LaRue
Conception de la couverture : Kinos
Conception graphique et mise en page : Interscript
Impression : Marquis

Première édition, 2015
ISBN 978-2-923794-74-7

Imprimé au Canada

Dépôt légal – Bibliothèque et Archives nationales du Québec, 2015
Dépôt légal – Bibliothèque et Archives Canada, 2015

**Catalogage avant publication de Bibliothèque et Archives nationales du Québec
et Bibliothèque et Archives Canada**

Dubé, Gabrielle
    Faire l'humour avec P-A Méthot
    (Faire l'humour avec...)
    ISBN 978-2-923794-74-7
    1. Méthot, P-A. 2. Humoristes québécois - Biographies I. Titre.

PN2308.M47D82 2015 792.7'6092 C2015-941625-6

Éditions Sylvain Harvey
Téléphone : 418 692-1336 (région de Québec)
Sans frais : 1 800 476-2068 (Canada et États-Unis)
Courriel : info@editionssylvainharvey.com
Site Web : www.editionssylvainharvey.com

Diffusion : Les Guides de voyage Ulysse

Distribution au Canada : Socadis

Les Éditions Sylvain Harvey remercient la Société de développement des entreprises
culturelles du Québec (SODEC) pour son aide à l'édition et à la promotion.

Gouvernement du Québec – Programme de crédit d'impôt pour l'édition de livres –
Gestion SODEC

Nous reconnaissons l'aide financière du gouvernement du Canada par l'entremise du Fonds
du livre du Canada (FLC) pour nos activités d'édition.

Ce livre est aussi offert en versions numériques :
ISBN : 978-2-923794-75-4 (e-pub)
ISBN : 978-2-923794-76-1 (pdf)

TABLE DES MATIÈRES

J eune enfant, je me souviens d'avoir été impressionné par le maquillage des clowns qui dessinait un large sourire sous lequel on devinait parfois le visage réel d'un homme à la mine sérieuse, voire triste. J'ai mis du temps à comprendre qu'amuser, faire rire ou travailler en humour nécessite bien plus qu'un don ou un talent inné, quelque chose qui ressemble à une mission, une passion, une manière d'être et de voir. Souvent, au fil de mes rencontres avec les artistes du rire, j'en suis arrivé à me dire qu'ils sont en fait des empêcheurs de tourner en rond, des philosophes sans prétention ou des mésadaptés de bonne nature... des missionnaires du Grand Rire universel.

P-A est tout ça... et peut-être plus encore. Un vrai de vrai.

Ce fils du peuple, originaire de Chandler et fier résident de Québec, sa ville d'adoption, a mené un véritable parcours du combattant avant d'accéder à son rêve : faire rire son prochain. Il restera discret sur ses fins de mois difficiles, ses premières prestations dans des bars d'une dizaine de personnes, ses épisodes de découragement, les considérant comme un passage obligé.

Nous l'avons choisi pour être animateur-vedette d'un gala événementiel au *ComediHa! Fest-Québec* de 2015, carrefour mondial de l'humour. Je vous laisse imaginer sa fierté, sa joie et sa fébrilité quand il s'est retrouvé devant une foule de quelques milliers d'admirateurs réagissant à chacune de ses « lignes ». Imaginez encore plus, après la télédiffusion de sa prestation... vue et entendue par plusieurs millions de téléspectateurs.

Ma confiance en lui comme artiste de la scène s'est encore plus, et définitivement, ancrée en moi, en tant que producteur, lors d'un voyage ensemble en Belgique, lorsque P-A a su, malgré sa bonhomie qui cache mal son intensité d'être humain aguerri, conquérir le difficile public européen.

Et si l'on avait demandé, plutôt qu'à moi, à ses confrères et consœurs du monde de l'humour de rédiger cet avant-propos, mes 400 quelques mots se seraient transformés en 400 pages minimum. Ils auraient été intarissables, je le sais, sur son admirable persévérance, sa camaraderie, sa loyauté, sa simplicité... Mais P-A n'aurait pas accepté pareil témoignage, parce qu'il est trop occupé à gambader sur sa route bien à lui où son talent séduit le bon peuple dont il vient.

P-A, c'est bien ce clown de mon enfance qui me faisait tant rire, mais dont je devinais avec admiration qu'il savait surmonter les difficultés de la vie avec une pirouette et une bonne blague.

Sylvain Parent-Bédard,
Président-fondateur du ComediHa! Fest-Québec

PRÉFACE
DE JEAN-MICHEL ANCTIL

Si dans le dictionnaire on retrouvait la définition de l'expression « un maudit bon gars », on pourrait facilement y placer la photo de P-A Méthot, parce que c'est ce qu'il est.

P-A est une personne très généreuse, sans malice et qui ne cherchera jamais à faire de l'ombre à personne pour se mettre en valeur. Quoique, si tu le places devant le soleil, de l'ombre, il va en faire pas mal.

C'est un gars rempli de paradoxes. Il fait de l'asthme, mais fume comme une cheminée. Il porte des souliers de course et des culottes de jogging, mais juste parce qu'il est confortable dedans. Il dit qu'il fait attention à son poids avec sa bouteille de Coke à la main. Il nous répète sans cesse qu'il aime sa femme et sa fille et... c'est vrai.

Nos routes se sont croisées par hasard dans les coulisses du Grand Théâtre de Québec, lors du *Grand Rire*. J'avais beaucoup entendu parler de lui avant de le rencontrer ou même de le voir sur scène. J'ai tout de suite compris que ce que l'on disait de lui était vrai. Un gars simple, qui aime son métier et surtout qui aime les gens. À mes débuts, on m'avait dit : « Quand tu fais ce métier, n'oublie jamais que tout le monde est important. » Ça, P-A l'a compris. Le gars qui passe la *moppe* sur scène, l'équipe technique, le metteur en scène, les collègues humoristes, tout le monde a droit à sa dose d'amour de P-A.

Quelques années plus tard, alors que j'étais en spectacle au théâtre Saint-Denis 1, j'ai croisé P-A sur la rue et il m'a dit qu'il faisait la première partie de Peter MacLeod au Saint-Denis 2. À la blague je lui dis : « Tu viendras après, ouvrir ma deuxième partie, ha ha ha ha ! » À l'entracte, à ma grande surprise, il était là dans ma loge. Pris au mot, je lui ai fait commencer la deuxième partie de mon spectacle.

Ce fut magique de le voir entrer avec assurance sur scène et faire crouler de rire un public qui ne l'attendait pas du tout. Ça été le début d'une belle aventure qui a duré jusqu'à la fin de ma tournée. En coulisse, je devenais public moi aussi. Caché dans mon décor, je le regardais et j'étais toujours fasciné par son aisance et son plaisir de jouer. Même avec mon expérience de la scène, j'apprenais encore en le regardant.

P-A est un gars qu'on veut avoir comme ami. Eh bien, moi, j'ai cette chance. P-A, c'est un ami que j'aime et qui me fait beaucoup rire.

Dans ce livre, vous allez découvrir le parcours d'un gars passionné par ce qu'il fait. On a souvent l'impression que le succès arrive du jour au lendemain. Non, le succès arrive avec le travail, la persévérance et l'amour de ce que l'on fait. P-A mérite amplement ce qui lui arrive, car il a travaillé fort et n'a jamais baissé les bras. Il ne les lève pas souvent non plus, ça l'essouffle :-)

Bonne lecture !

Jean-Michel Anctil

PLEINS FEUX
SUR P-A MÉTHOT

« Faire l'humour avec P-A Méthot », quel projet ambitieux, révélateur et passionnant ! Tenant ses origines d'un intérêt marqué de l'éditeur Sylvain Harvey pour le parcours unique et laborieux de cet humoriste de Québec, c'est à moi qu'on a pensé pour écrire cet essai à saveur biographique. Quel honneur et quel immense plaisir j'en ai retirés tout au long du processus, des balbutiements jusqu'à la parution du livre.

Le processus a duré sept mois, en tout et partout. Sept mois pour saisir la véritable essence de P-A Méthot, pour apprendre à connaître ce qui le fait vibrer et ce qu'a été sa vie jusqu'alors. Sept mois, c'est bien peu, certes. Mais ce fut amplement suffisant pour pouvoir vous livrer dans cet ouvrage tout ce qu'il vous faut savoir sur cet homme et son parcours, de la façon la plus précise qui soit. Sept mois à écouter, mâcher, réécouter et remâcher les mots d'une personne aussi vraie, honnête et généreuse ; c'est extraordinaire. Pour la journaliste à l'âme de psy que je suis, ce fut l'un des plus beaux exercices auquel je me sois adonnée depuis très longtemps. Je suis réellement choyée d'avoir pu prendre part à un tel projet d'écriture. Car, dans le récit de P-A, il n'y a pas que des oiseaux qui chantonnent au lever du soleil. Il n'y a pas que le récit de l'aboutissement ultime d'un humoriste. Vous remarquerez certainement la forte présence du concept de la réalisation de soi, de son potentiel et de son talent en trame de

fond de cet ouvrage. J'ai aussi compris qu'il me faudrait aller creuser aussi loin que possible afin de réellement rendre justice au parcours et à la réussite de l'humoriste. Il m'a semblé que c'était la seule façon d'y parvenir. Il me fallait vraiment comprendre qui est cet homme qui fait rire le Québec depuis près de 20 ans. Qui est cet homme qui a vendu plus de 200 000 billets de son premier spectacle solo *Plus gros que nature*? Pourquoi la scène est-elle le seul endroit sur terre où il se sent réellement bien et en sécurité? Ce ne sont que quelques-unes des questions qui furent posées en entrevues et qui furent l'objet de belles réflexions de la part de P-A.

Le récit de P-A inspire le respect, la compassion et l'admiration. Qu'il soit votre humoriste favori ou que vous le connaissiez à peine, la lecture de ce livre vous fera vivre une gamme complète d'émotions. En lisant ces pages, il se peut que vous vous reconnaissiez dans certaines des batailles qu'il a livrées, dans certains accomplissements qu'il a vécus ou dans les nombreuses remises en question qu'il s'est imposées. Vous serez témoins de ses tourments, de ses joies et de ses plus grandes fiertés à travers ses souvenirs, bien ancrés dans sa mémoire. Ces souvenirs, il me les a racontés avec la plus grande générosité et la plus grande transparence qui soit. Il s'est livré tel un livre ouvert, conscient qu'il pourrait faire une différence, conscient qu'il contribuerait peut-être à amener un seul lecteur à reprendre confiance en la vie malgré les difficultés qu'elle dresse sur son chemin. Car c'est bien cela la mission de P-A Méthot: faire du bien. Que ce soit par le rire, en s'intéressant avec attention aux gens qu'il rencontre ou en participant à ce projet de livre, P-A réussit aujourd'hui à combler ce besoin viscéral qui le tenaille depuis toujours.

Ce que je retiens, au terme de cette aventure, c'est que la persévérance finit toujours par payer. C'est qu'il faut avoir confiance en soi, en la vie, aux autres, à son destin, à son talent. Au fil de mes entretiens avec son gérant, ses proches, ses amis humoristes et son équipe de production, il m'est apparu comme une évidence que P-A, grâce à sa ténacité et à son humilité, laisse une trace partout où il va. Il ne passe jamais inaperçu et ne laisse personne indifférent. « L'effet P-A Méthot » se produit partout où il pose les pieds. C'est cet effet qu'il a eu sur moi dès notre première rencontre. Il faut dire que je connaissais très peu l'œuvre et la personnalité de l'humoriste. Je crois même que l'effet fut décuplé parce que j'avais tout à apprendre de lui. Je partais littéralement d'une page blanche. Une page blanche qui se transforma peu à peu en lignes noircies de mots, de matériel inédit, de citations, d'émotions et de vie.

Dans ce livre, vous pourrez lire le témoignage de plusieurs de ses proches et amis. Aussi, vous aurez le loisir de parcourir cet ouvrage de la façon qui vous plaît le plus, en le dévorant d'un bout à l'autre ou en vous concentrant sur les chapitres ou les sections qui vous parlent davantage. Vous pourrez également zieuter de nombreux clichés soigneusement sélectionnés par P-A, question de revivre avec lui certains de ses plus beaux souvenirs. Enfin, vous aurez le privilège, en consultant la version électronique de cet ouvrage, d'entendre plusieurs extraits audio tirés exclusivement de mes entretiens. Nous avons voulu faire de cet ouvrage un document complet, personnel et original, autant dans sa forme que dans son contenu.

Vous vous apprêtez maintenant à plonger dans le récit touchant, inspirant et savoureux d'un homme plus gros que nature. Êtes-vous prêts?

Chers lecteurs, je vous souhaite une merveilleuse rencontre avec P-A Méthot.

Gabrielle Dubé

P-A, 4 ans

ENFANCE
EN GASPÉSIE

NAISSANCE D'UN GARS
PLUS GROS QUE NATURE

Le 11 décembre 1973, Desneiges Grenier, conjointe de Raymond Méthot, donne naissance à un petit garçon. L'horloge indique 9 h 30, c'est le matin. Au vieil hôpital de Chandler en Gaspésie, les infirmières accueillent avec soin le nouveau-né mesurant quelque 21 pouces (53 cm). La balance, elle, affiche 6 lb et 3 oz (2,9 kg). Les parents lancent un soupir de soulagement. Tout va bien et leur petit garçon est débordant de santé. Il s'appellera Paul-André, se disent-ils, à la vue du joli minois.

Ce jour-là, la mère et le père réalisent l'ampleur du rôle qu'ils auront à assumer jusqu'à la fin de leurs jours. Dorénavant, leur vie ne sera plus jamais la même. À cet instant précis, ils n'ont aucune idée de ce qui les attend pour les années à venir. Quelqu'un leur aurait prédit que leur fils chéri deviendrait une personnalité publique reconnue pour son talent d'humoriste, ils ne

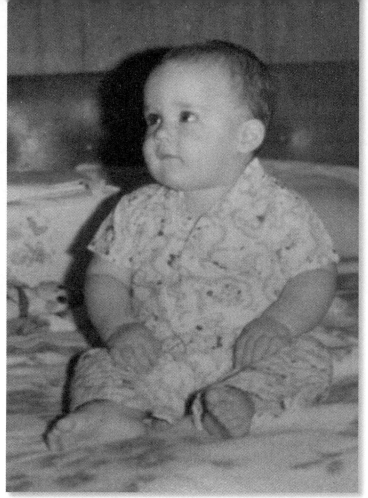

P-A, 9 mois

l'auraient pas cru. Pourtant, c'est bel et bien ce qui va arriver. Un gars plus gros que nature était né. Leur fils, P-A Méthot, allait briser les barrières et persévérer envers et contre tous jusqu'à la création d'un spectacle solo intitulé *Plus gros que nature*. Il allait enfin récolter le fruit de ses efforts après de longues années de dur labeur. Persévérant et tenace, il allait se bâtir une carrière à la hauteur de son talent et de son potentiel. Il allait réussir.

UN GASPÉSIEN DE **CHANDLER**

Paul-André Méthot vit donc le jour en 1973 à Chandler en Gaspésie. C'était l'année où le groupe Pink Floyd présentait pour la première fois son spectacle *The Dark Side of the Moon* au Forum de Montréal et où le Parti québécois déposait à la presse le fameux budget de l'an 1. Avec un slogan aussi révélateur pour sa ville natale, *Une Mer de possibilités*, et né à une époque riche en avancements politiques et culturels, P-A Méthot va mener une vie agitée et bouillonnante et c'est à se demander si elle n'avait pas déjà été tracée d'avance.

Ainsi, le jeune P-A grandit dans une famille modeste, chaleureuse et ouverte sur le monde, dont la situation financière n'avait toutefois rien d'extraordinaire. Mais un événement, somme toute de prime abord anodin, allait paver la voie à ce qui lui arrive aujourd'hui. À partir de l'âge de sept ans et pour la décennie qui suivit, ses parents lui achetèrent un abonnement chez Sapinart, le diffuseur de spectacles à Chandler. Aujourd'hui convaincu qu'il fut sans doute le plus jeune détenteur de tous les temps d'un abonnement de ce genre, il se considère extrêmement privilégié d'avoir pu assister à de nombreux spectacles que la majorité des jeunes de son âge n'auraient jamais eu la chance de découvrir. On y présentait notamment des pièces de théâtre expérimentales, des spectacles de musique (Corbeau, Offenbach, etc.) et d'humour. C'est d'ailleurs à cette époque qu'il assista à son premier spectacle d'humour en tant que spectateur à l'occasion de *La tournée des découvertes Juste pour rire*, mettant en vedette entre autres JiCi Lauzon et Michel Beaudry. Il a la chance de voir également les spectacles de Michel Courtemanche,

Yvon Deschamps, Daniel Lemire, le Groupe sanguin et Pierre Labelle, pour ne nommer que ceux-ci. «On savait recevoir», se plaît à dire l'humoriste de 41 ans, en faisant référence à Chandler.

Néanmoins, la réalité socioéconomique étant bien particulière dans ce coin de pays, les habitants qui ne trouvaient pas de travail devaient migrer vers les grandes villes. Il devenait donc plutôt impensable pour un jeune étudiant en processus d'orientation professionnelle de viser une carrière dans les arts, la culture ou dans tout autre domaine qui sortait de l'ordinaire et de l'ordre préétabli. Or, le jeune Paul-André eut un jour la chance de faire la connaissance de Michel Langelier, danseur professionnel, également originaire de Chandler. Cette rencontre, loin d'être banale, a sonné une cloche dans la tête de l'adolescent. Il fut impressionné de réaliser qu'un gars de chez lui avait pu se rendre aussi loin que de danser dans des vidéoclips de Julie Masse... En effet, contrairement à ce qu'on lui avait raconté, il devenait alors possible de réussir sa vie en vivant d'un métier différent, en se démarquant du lot.

Toutefois, conscient qu'il avait encore beaucoup de croûtes à manger et qu'il lui fallait faire ses preuves, il s'engagea au sein de sa communauté et multiplia les expériences, convaincu que celles-ci lui serviraient un jour. Étonnamment, P-A se plaisait énormément à participer à des activités qui requéraient une certaine discipline. Il fit donc partie des Cadets de terre cinq ans durant, de 1985 à 1990 (Royal 22e Régiment, Corps de 2768 des Anses, Chandler). Bien qu'il ne se soit jamais considéré comme un grand sportif, il s'adonna au

P-A vers l'âge de 7 ans

FILS UNIQUE - *UN FRÈRE QU'IL N'AURA JAMAIS CONNU*

Bien que P-A ait grandi sans frères ni sœurs, sa vie d'humoriste eut été tout autre si son frère d'un an et demi son aîné, baptisé Paul-André, avait survécu à une erreur médicale quelques jours suivant sa naissance. P-A Méthot s'est ainsi toujours considéré comme le cadet d'une famille de deux enfants, conscient du caractère invraisemblable et tragique de cette perte pour lui-même et pour ses parents.

Aujourd'hui encore, plus de quarante ans plus tard, le 14 mai est une journée de deuil pour la famille Méthot.

badminton et suivit pendant cinq ans des cours de karaté, jusqu'à l'atteinte d'une ceinture verte.

Si vous passez par Chandler, ne cherchez pas P-A Méthot, vous ne le trouverez pas ! Là-bas, c'est plutôt aux diminutifs de « Paul » et de « Po-Paul » que l'homme répond, depuis sa tendre enfance.

Mariage de ses parents, le 17 juillet 1971

UN **PÈRE ENGAGÉ**
DANS SA COMMUNAUTÉ

Raymond Méthot, le père de P-A, était réputé pour être un bon vivant de même qu'une personne altruiste et dévouée. Mesureur forestier de formation, il était cadre du service forestier pour la compagnie Gaspésia. Parallèlement à cet emploi, il gérait la salle de réception

DE PAUL-ANDRÉ
A P-A

Ce n'est qu'en 1991, année où il s'est exilé à Québec dans le but d'amorcer ses études collégiales au Petit Séminaire de Québec, qu'il a pris la décision de troquer le prénom de Paul-André pour le surnom P-A. «Salut, moi c'est Paul-André, mais tu peux m'appeler P-A» devenait ainsi la phrase d'introduction qui allait changer à jamais sa façon d'être interpellé. Une grande étape pour l'adolescent de l'époque, celle qui signa un nouveau chapitre de sa jeune vie d'alors.

à Chandler que l'on appelait «le curling». Mais c'est l'horticulture qui était une véritable passion pour lui. Une fois la saison estivale amorcée, il s'adonnait plusieurs fois par semaine à l'aménagement de plates-bandes un peu partout à Chandler. Il proposait ses services à des particuliers et des entreprises privées, ce qui le gardait en forme et les pieds bien sur terre.

Également doté d'un fort esprit de communauté, monsieur Méthot a été membre du Club Lions de Chandler pendant plus de 30 ans, en plus de siéger aux conseils d'administration d'un foyer de personnes âgées (CHSLD Villa Pabos) et du CLSC régional La Saline. Seriez-vous étonnés de savoir qu'il était aussi tireur de boules au bingo les dimanches soirs?

Décidément, un homme engagé et très porté sur les contacts humains.

SE FAIRE « ÉCŒURER »
À L'ÉCOLE, UN PASSAGE OBLIGÉ: L'EXPÉRIENCE DE P-A

Alors que le jeune P-A déambulait dans les rues de son Chandler natal, le terme « intimidation » n'existait pas. P-A et tous les autres malchanceux se faisaient « écœurer ».

Comment s'en sortait-on, à l'époque? Il fallait se défendre, à coups de poing ou d'insultes cinglantes. C'était comme ça et c'était très répandu. P-A n'a pas fait exception. Il considère toutefois ne pas avoir été plus intimidé que les autres. On le surnommait aisément « Raymond mille piasses », croyant que ses parents

P-A dans le bureau de son père à la Gaspésia, vers l'âge de 9 ans

UN **BUREAU D'ASSURANCE CHÔMAGE** À LA MAISON

La mère de P-A, Desneiges Méthot, était fonctionnaire au gouvernement fédéral au bureau de l'assurance emploi (l'assurance chômage, à l'époque). Sous l'œil amusé du jeune P-A, elle recevait souvent à la maison ses clients en dehors des heures de travail. Toutefois, pas question de compter les heures supplémentaires; son sentiment du devoir accompli valait bien plus que toute prime qu'on aurait pu lui offrir.

étaient riches, et «Gros lard, face de lune», pour faire référence à son surplus de poids. Et comment réagissait-il? Ce n'est que tardivement que P-A a appris à se défendre. Malgré qu'il tentait d'éviter le plus possible les duels physiques, très conscient de sa force physique et de sa propension à perdre les pédales, il admet s'être battu assez souvent, jusqu'à regretter même d'être allé trop loin. D'ailleurs, c'est bien souvent son père qui, découragé par la situation, l'encourageait à se défendre, voyant bien que son fils en prenait trop sur ses épaules avant de réagir.

Encore aujourd'hui, il arrive à P-A de subir les attaques personnelles de certains. Mais la différence maintenant, c'est qu'il est en mesure de comprendre la raison derrière ces attaques, ce qui l'aide à désamorcer les conflits. L'intimidation, P-A n'y sera jamais

« À la seconde où c'est toi qui subis du *bashing*, je pense que tu comprends tout. »

insensible. «À la seconde où c'est toi qui subis du *bashing* (du dénigrement), je pense que tu comprends tout.» Par contre, plutôt que d'être amer face aux gens qui s'en sont pris à lui plus jeune, il s'exprime en ces termes : «On a tous vieilli.» Pas de rancune pour P-A, ça lui serait plus inutile et énergivore qu'autre chose, dit-il.

PIERRE LABELLE
– UNE INSPIRATION

Outre les nombreux raconteurs qui ont marqué sa jeunesse (Gilles Latulippe, Yvon Deschamps, Ti-Gus et Ti-Mousse), Pierre Labelle fut l'humoriste québécois l'ayant le plus marqué. Qu'admirait-il le plus chez Labelle? En fait, il avait du mal à concevoir qu'il soit possible de rester «drette» en tenant un micro, en racontant des histoires et en étant drôle, comme lui seul savait le faire.

Loin d'être étonnant, la première blague qui a marqué le jeune Paul-André était de Pierre Labelle; la fameuse blague des cadrans[1]. Bien que n'étant pas particulièrement révolutionnaire en son genre, cette blague fit tout de même son petit bonhomme de chemin dans l'esprit du gamin de 10 ans. Elle lui fit réaliser que l'humour ne se résumait pas seulement à des personnages loufoques ou simples d'esprit. Il était maintenant possible de rire

---

1. Blague dans laquelle Pierre Labelle s'indignait contre les nouvelles technologies. À l'époque, c'étaient les cadrans digitaux qui étaient à la mode. Labelle racontait qu'il ne comprenait pas que, chaque fois que le soleil plombait sur son écran, le cadran affichait toujours 8 :88.

de ces fameuses banalités du quotidien qui nous saoulent tous, dans une plus ou moins grande mesure. P-A se souvient aussi d'un monologue dans lequel Labelle parlait de son malaise en avion. Il aimait son sens de l'observation et la façon qu'il avait de livrer l'information, le plus souvent avec une certaine forme de détachement forcé.

Enfin, saviez-vous que P-A n'a toujours pas déballé un 33 tours de Pierre Labelle qu'il a reçu en cadeau des mains de Bernard Caza, un de ses amis, propriétaire du Vieux Clocher de Magog et ex-gérant de Pierre Labelle? Tout ça afin de préserver le précieux présent et d'en conserver un souvenir intact.

P-A, 13 ans, portant fièrement son uniforme des Cadets de terre pour la première fois

UNE «VIE DE JEUNESSE» ATYPIQUE

UN ADOLESCENT **DIFFÉRENT**

Au secondaire, P-A se rendait compte que son allure imposante et son embonpoint précoce le différenciaient des autres. Toutefois, sans être le plus populaire, il se sentait apprécié de la plupart de ses camarades de classe. «Tout le monde me connaissait, tout le monde m'aimait, mais je n'étais pas le plus populaire.» C'est probablement pour cela que le jeune P-A se considérait déjà comme un marginal : un jeune homme différent qui réussissait quand même à trouver sa place auprès de ses camarades. Son besoin quasi incessant de parler, sa bonne répartie et son image de «grand justicier de tous» qui le caractérisaient déjà à l'époque l'ont sans doute aidé en ce sens.

Adoptant très vite un discours d'adultes, le Gaspésien était en avance pour son âge. Par intérêt et par curiosité, il appréciait beaucoup la compagnie des adultes.

À un point tel qu'il préférait discuter avec ces derniers plutôt qu'avec les jeunes de son âge.

Somme toute, l'adolescence de P-A fut remplie de grandes joies et d'expériences déterminantes : première « brosse », perte de sa virginité et découverte de sa passion pour la scène.

L'IMPROVISATION ET LE THÉÂTRE, SES PREMIÈRES AMOURS DE SCÈNE

La première fois qu'il monte sur une scène, il est en quatrième année du primaire. Il obtient le rôle d'un vieillard dans la pièce de théâtre *C'est trop, c'est pas trop*, et éprouve beaucoup de plaisir à faire rire l'auditoire. Au secondaire, conscient qu'il est plus imposant et moins populaire que les autres garçons dans les équipes sportives et auprès des filles, il a le sentiment qu'il ne lui reste qu'une option : les arts. C'est à cette époque que lui et Guylaine, son amie de toujours, organisent chaque année des spectacles de variétés conçus dans l'optique de faire découvrir les talents des étudiants de son école secondaire. Le jeune P-A, alors âgé de 13 ans, ne se fit pas prier pour y collaborer. En plus de participer à l'organisation des événements et d'avoir la responsabilité de maître de cérémonie, il se mit également à se produire sur scène dans une multitude de disciplines : danse, humour, musique, etc. Les étudiants se sont même produits en spectacle sur la scène d'autres polyvalentes de la Gaspésie dans des événements appelés « Les manifestations culturelles ».

Parallèlement, à partir de sa quatrième année du secondaire, P-A s'est joint à un groupe de musique qui s'est produit sur scène un peu partout sur le territoire gaspésien. Encore là, les salles étaient combles à chaque spectacle. Ensuite, à l'époque du Petit Séminaire de Québec, il a fait partie d'une troupe de théâtre, la « Troupe des beaux parleurs ». Au menu de ses trois années du collégial, de nombreuses pièces dramatiques classiques et contemporaines : Beaumarchais, Jules Romains, Eugène Ionesco et Marcel Dubé. Cette expérience, très formatrice, signa sa première véritable incursion au théâtre. En plus d'être comédien, il était souvent responsable de la mise en scène. Au même moment, il s'est joint à de nombreuses

AUTOPSIE DU GROUPE **KORUM**

Description : Son premier groupe de musique

Durée de vie : De 1988 à 1991

Style : Du rock des années 1980, soit des reprises de Boston, de Bachman Turner Overdrive (BTO), de Bryan Adams et des Rolling Stones, pour n'en nommer que quelques-uns.

Musiciens : En plus de P-A à la guitare et à l'accompagnement vocal, les membres du groupe étaient Sylvain Carrol, guitare ; Guylain Huard, guitare ; Germain Huard, basse et claviers ; Nancy Lantin, voix ; Lisa Sutton et Mylène Lagacé, choristes et finalement Alain Sirois, batterie.

Lieu des pratiques : sous-sol chez Alain

Lieux des prestations : bars, festivals, salles de spectacles, arénas.

SON **PREMIER** NUMÉRO D'HUMOUR

Son premier numéro d'humour à vie devant public, P-A s'en souvient comme si c'était hier. Lors d'un spectacle de variétés à son école secondaire de Chandler, il a interprété sur scène le numéro *Wow*[2] de JiCi Lauzon. Un numéro dont il se souviendra assurément toute sa vie!

ligues d'improvisation un peu partout dans la ville de Québec. L'improvisation n'avait pas de secrets pour P-A, lui qui ne jurait que par les comédiens de la Ligue nationale d'improvisation (LNI) à l'époque. Cette aventure s'est poursuivie jusqu'à l'université, où il fréquentait encore régulièrement les ligues, tout en essayant tant bien que mal de suivre ses cours. L'improvisation lui a permis de s'éclater et de sortir de sa coquille en touchant à tous les styles de jeu possibles. Peu après, P-A fit la rencontre de Mylène, qui était une collègue de travail au magasin Archambault de Québec. Elle faisait également partie, avec son conjoint Martin, de la Fédération universitaire de l'humour de l'Université Laval, fondée par François Morency plusieurs années auparavant. On y produisait du théâtre invisible, du théâtre de faculté, de l'animation et des films, notamment.

Déjà, P-A vivait la vie de tournée sans réaliser la carrière florissante qui l'attendait sur scène. Ce sont donc là ses vrais balbutiements en tant qu'amoureux de la scène, sans même qu'il songe à en faire carrière!

---

2. Numéro dans lequel un personnage un peu hippie et sous l'effet de la drogue s'exprime en ces termes: « Ce qui est l'*fun* avec mon nom, c'est que, à l'endroit c'est *wow*, pis à l'envers, c'est *wow*! »

UNE **RELATION PÈRE-FILS CONFLICTUELLE**, MAIS DÉTERMINANTE

La relation que P-A entretenait avec son père n'a pas toujours été ce qu'elle était devenue quelque temps avant son décès. En effet, les deux hommes liés par le sang ont longtemps été comme «chien et chat», particulièrement à l'époque où le natif de Chandler s'est exilé à Québec pour voler de ses propres ailes. C'est vers la fin de l'adolescence que les choses se sont mises à chambouler. «Ça a changé bien des affaires», se remémore-t-il.

Aujourd'hui, P-A attribue les conflits incessants entre les deux hommes davantage à son propre esprit d'opposition qu'à un réel écart de valeurs entre eux. En effet, P-A provoquait souvent son père, comme si c'était la seule façon qu'il connaissait de se faire entendre par lui. «Mon envie de conflits était plus grande que mon envie de structure», est-il en mesure de comprendre avec un certain recul. Néanmoins, P-A admet qu'il n'a jamais été un adolescent turbulent, ni bagarreur. C'est en grande partie pour cela qu'il recevait mal les critiques que son père lui adressait. Très prudent, extrêmement exigeant et parfois trop protecteur envers son fils, monsieur Méthot, de son côté, ne manquait pas de le ramener à l'ordre en lui exprimant ses déceptions, en lui indiquant la voie à emprunter et en lui dictant la façon de s'y rendre. Il avait un désir de réussite pour P-A que ce dernier qualifierait aujourd'hui de «plus grand que nature».

P-A avec son père à l'époque du cégep

Avec Raymond Méthot, pas de demi-mesure. En effet, il lui souhaitait une réussite à la hauteur de son talent et de son potentiel, pourvu qu'il trouve sa voie et qu'il aime ce qu'il fait. Par ailleurs, il éprouvait une crainte démesurée, celle de voir sa progéniture « en arracher dans la vie ». « Mon père a toujours voulu le mieux pour moi. » Ainsi, en 1996, lorsque P-A lui a annoncé qu'il lâchait tout afin de se consacrer entièrement à sa carrière d'humoriste, une forte peur s'empara de son père, toujours très inquiet qu'il en vienne à manquer de sous, qu'il trébuche ou qu'il se trompe. Ce n'est toutefois qu'en 2003, alors que P-A faisait déjà équipe avec son gérant Steeve Godbout et que le succès commençait à se faire réellement sentir, que son père réalisa l'ampleur du talent de son fils et qu'il prit conscience de tout le sérieux dont P-A faisait preuve dans ses démarches. Il avait maintenant confiance que son fils avait fait le meilleur choix pour lui-même et qu'il se rendrait loin.

Fondamentalement bon et d'une grande émotivité, qu'il a d'ailleurs transmise à son fils, monsieur Méthot reconnut rapidement qu'il avait parfois été maladroit avec le jeune P-A. Il a suffi d'une fois, peu de temps après son entrée au Petit Séminaire de Québec, pour que P-A s'assoie avec son père et ait une bonne discussion avec lui. Il voulait remettre les pendules l'heure et repartir leur relation sur de nouvelles bases, plus saines. Le paternel découvrait que son fils était quelqu'un de responsable et qu'il pouvait lui faire confiance. Cet épisode a sans doute permis à P-A de se sentir plus léger, en confiance et appuyé par son père à une période charnière, celle où l'on se cherche tous un peu à travers le regard de nos pairs (et de notre père). Celle où l'acceptation des autres est si importante.

Par ailleurs, une chose que l'humoriste reconnaît chez son paternel, c'est bien la façon qu'il a toujours eue de lui témoigner sa fierté, malgré tout. « S'il n'avait pas été capable de me dire qu'il était fier de moi, s'il n'avait pas été capable de me le montrer, peut-être que j'aurais considéré que ça, c'était un manque dans ma vie. »

Très émotif et explosif, quoiqu'extrêmement pudique dans l'expression de ses émotions, il semble que Raymond Méthot ait choisi de laisser libre cours à celles-ci une quinzaine d'années avant son décès. Cela semble coïncider, au dire de P-A, avec l'avènement d'un infarctus survenu en 1994, soit trois ans après que son fils chéri eut quitté Chandler pour aller étudier à Québec. Cet épisode fut d'ailleurs l'un des plus marquants. Puisqu'il s'agissait du premier infarctus d'une lignée de six, c'était la première fois que P-A éprouvait

« J'avais un bilan hommage à lui donner, parce qu'il le méritait et que ça lui appartenait. »

P-A AU PETIT SÉMINAIRE DE QUÉBEC

Faute d'enseignement collégial à proximité de Chandler, P-A a dû quitter le nid familial à l'âge de 17 ans afin de poursuivre son éducation. Dès lors résident de la ville de Québec, c'est au Petit Séminaire de Québec qu'il a choisi d'entamer ses études postsecondaires.

véritablement la « vraie » peur de perdre un être cher. Cette épreuve a donné un second souffle à la relation qu'entretenaient P-A et son père. Jusque-là considéré comme une figure paternelle inébranlable, son père lui apparaissait maintenant tel qu'il était sous les apparences : un être fragile et vulnérable. En prenant conscience des faiblesses de son paternel, une sorte d'équilibre venait de naître, en fait. La vie lui envoyait un signe qu'il était maintenant de son devoir de s'occuper de son père, comme ce dernier l'avait fait toute sa vie avec lui. De son côté, monsieur Méthot semblait dorénavant voir son fils tel qu'il était, soit un homme et non plus un enfant. Ils n'avaient désormais plus rien à se prouver mutuellement.

Il n'en demeure pas moins qu'en raison du décès de son père survenu subitement, P-A regrette de n'avoir pas eu le temps, ni le courage de faire, alors qu'il en avait encore l'occasion, le tour de millions de choses qu'il aurait aimé aborder avec son père. « J'avais un bilan hommage à lui donner parce qu'il le méritait et que ça lui appartenait. »

UN **PARCOURS**
UNIVERSITAIRE LABORIEUX

Bien qu'il ait fréquenté l'Université Laval pendant près de huit ans, aucun des programmes de cours qu'il a suivis n'a obtenu le sceau «terminé». Possédant un fort esprit de négociation, l'universitaire a même réussi à conclure une entente avec ses enseignants afin d'obtenir les résumés des cours qu'il allait manquer. Loin d'être dupes, ses enseignants se rendaient bien compte qu'après un certain laps de temps P-A n'avait plus la capacité de suivre.

Voici donc son parcours. En 1994, il s'inscrit à une majeure en communications publiques, qu'il suit tant bien que mal durant deux ans. Puis, se succèdent les programmes de relations industrielles et d'histoire. Incapable de se fixer, il change de domaine presque chaque année. Rien pour arranger les choses, P-A entrevoit très peu de possibilités de carrière dans ces domaines, surtout en communications. Peu confiant, il est convaincu de ne pas correspondre aux critères de beauté standards recherchés pour ce type d'emplois. C'est ce qui explique en grande partie sa réserve à terminer le programme.

En somme, en huit ans, seule l'histoire a réussi à captiver P-A. Grâce à ce programme, il a d'ailleurs eu la chance d'aller passer une année en Grèce, dont six mois à l'Université d'Athènes. Cette expérience fut à ses dires l'une des plus enrichissantes qu'il ait eue à vivre jusqu'alors.

L'HOMME DERRIÈRE L'HUMORISTE

UN **BREF PORTRAIT** DE L'HOMME

- Il **déteste** le conflit.
- Il **n'est pas** de nature colérique et ne se choque pas inutilement. Peu importe la situation ou le conflit, l'homme originaire de Chandler possède la faculté de s'exprimer avec un calme déconcertant. Avec certains, cette attitude peut avoir pour effet de calmer leurs ardeurs. Avec d'autres, au contraire, elle peut faire rugir l'interlocuteur le plus bagarreur qui soit. Qu'importe, P-A n'en démordra pas, du moins pas avant d'avoir trouvé un terrain d'entente ou réglé la question en jeu.
- Il **est** très maladroit.
- Il **est à la** dernière minute.
- Il est **tenace** et **patient**.
- «Je suis un **amoureux du genre humain**, j'embrasse et prends tout le monde dans mes bras. Je suis très proche des gens.»

Sur le traversier NM Camille-Marcoux entre Matane et Baie-Comeau

- **Homme de gang** en dehors de la maison, P-A est en contrepartie plutôt **solitaire** à la maison.

- Il admet **privilégier l'honnêteté** à l'hypocrisie dans toute forme de rapports : devant un inconnu, un de ses proches ou son public. Si on lui demande la vérité, il aura le respect de nous la donner. Maintenant, aurez-vous les oreilles pour l'entendre ? C'est souvent là que le bât blesse et P-A en est bien conscient. Malgré cela, seule la vérité sortira de sa bouche, sans détour. C'est bien là une « garantie P-A Méthot » inaltérable, sans méchanceté ni mesquinerie. Même qu'après avoir exprimé cette vérité dérangeante qu'il se devait d'expulser c'est plutôt lui qui se sent mal à l'aise, désolé d'avoir pu blesser l'autre non intentionnellement.

« Je suis un amoureux du genre humain, j'embrasse et prends tout le monde dans mes bras. Je suis très proche des gens. »

- Il existe chez lui un réel et sincère besoin de refléter aux gens la beauté qui se dégage de leur personne. Ce trait de personnalité n'est pas étranger à la tendance qu'il a à **remercier** les gens **de façon presque insistante**. En effet, remercier une fois ne lui suffit pas, comme s'il doutait de l'intensité de ses premiers remerciements.
- Il a définitivement le karma d'un *chum* **que tout le monde connaît** depuis toujours.
- Quand il travaille avec des gens, il a **besoin d'**être proche d'eux.
- Il accorde une grande importance au fait de **réunir les troupes** et de s'assurer que tous s'entendent bien.
- Il **aime** distribuer le bonheur.
- Il a le **sens de la justice**. Prêt à partager ses opinions, il refuse qu'on les lui impose.

LE SECRET DE P-A MÉTHOT

« Y'a rien qui me dérange dans la vie. »

«Y'a rien qui me dérange dans la vie», se plaît-il à nous dire, comme s'il s'agissait de son secret le mieux gardé.

En effet, malgré le fait qu'il démontre une grande intensité dans tout ce qu'il entreprend aux niveaux personnel et professionnel, peu de choses parviennent à le choquer. Le statut professionnel, la popularité, l'orientation sexuelle, les passions ou les déboires des gens importent peu à P-A. L'important pour l'humoriste, c'est la nature profonde des gens. «Si t'es une bonne personne, t'es une bonne personne. Si t'es une mauvaise personne, t'es une mauvaise personne.»

LES **12 MÉTIERS** DE P-A

Voici, dans l'ordre chronologique, une énumération exhaustive des douze métiers qu'a exercés P-A Méthot avant d'entamer sa carrière d'humoriste.

1 Copropriétaire du bar Le Cube sur l'avenue Myrand, à Québec, pendant plus d'un an.

2 Pendant cinq ans, disquaire au magasin Archambault (anciennement Musique D'Auteuil) de la rue Saint-Jean à Québec, dans les sections jazz et musiques du monde.

3 Sonorisateur au bar Solid Rock, rue Marie-de-l'Incarnation à Québec (emplacement de l'actuel Surplus Militaire Pont-Rouge), où il a eu la chance de rencontrer la formation Deep Purple et Ian Anderson, notamment.

4 Agent de sécurité dans de nombreux événements musicaux et festivals (Agora, Vieux-Port de Québec, Colisée de Québec, Carnaval de Québec).

5 Conseiller vendeur chez Legault Sports sur la rue Saint-Jean, à Québec, pendant près d'un an.

6 Livreur de livres ambulant dans divers établissements scolaires lors de la rentrée scolaire.

7 Moniteur et directeur d'un camp de jour durant deux années consécutives.

8 Serveur pour un service de traiteur de la ville de Québec.

9 Serveur loufoque, pendant près de cinq ans, dans différents restaurants gastronomiques de la ville de Québec.

10 Joueur de tam-tam dans de nombreux *raves*.

11 Serveur à l'auberge-restaurant Le Canard Huppé situé sur l'île d'Orléans.

12 Maître d'hôtel au Canard Huppé. Ce fut son dernier « vrai emploi ».

Décidément, une ancienne vie bien occupée et à son image : imprévisible !

QUAND DORMIR DEVIENT...
MONNAIE COURANTE

Ne sachant pas trop exactement à quoi attribuer cela,
P-A révèle avoir la fâcheuse manie de s'endormir... partout.
Parfois, en plein cœur d'une réunion de production avec
ses collègues du Groupe Entourage et son gérant, il lui arrive
de tomber dans les bras de Morphée, surtout lorsqu'il est
question de chiffres. Le même scénario s'est produit un bon
jour, alors qu'il s'apprêtait à entreprendre le tournage
de l'émission *Direct dans l'net*, qu'il anime aux côtés des
humoristes Dominic Paquet et Mélanie Ghanimé à Ztélé. En
plein milieu du tournage, alors que les techniciens ajustaient
l'éclairage, il a perdu le fil et est tombé endormi sur le
plateau.

Tout un phénomène!

L'IMPRÉVISIBILITÉ
SUR DEUX PATTES

Contrairement à son équipe de tournée formée de Pierre
Perreault et de Jonathan Dupuis, P-A peut se permettre
de se pointer à la salle de spectacle où il se produit
une trentaine de minutes seulement avant d'entrer sur
scène. Pourvu qu'il ait le temps nécessaire pour enfiler
son habit de spectacle, procéder à son fameux rituel
(lire Son rituel d'avant-spectacle, en page 119) et
s'abreuver d'une bonne bouteille d'eau embouteillée.
Telle est la meilleure façon de décrire cette forte dose
d'imprévisibilité qui imprègne l'humoriste depuis aussi
loin qu'il se souvienne.

Aussi, il est reconnu par ses collègues humoristes pour sa tendance à dépasser sans grands remords la durée entendue de chacun de ses numéros. À l'époque des bars et des premières parties de *one man show* d'humoristes bien établis, il était de mise qu'on l'avertisse de faire huit minutes afin qu'il ne dépasse pas les 20 minutes allouées. Cette précaution suffisait-elle à éviter les débordements? Loin de là. Malgré cela, P-A n'en faisait qu'à sa tête, et très souvent. D'ailleurs, voici pour vous quelques événements cocasses et déconcertants ayant eu lieu au cours de sa carrière.

- Nous sommes en 2002, au début du partenariat entre Steeve Godbout, son gérant, et P-A. Steeve a réussi à convaincre Josée Drouin, une amie de longue date, de laisser P-A présenter un numéro à l'occasion d'un événement-bénéfice, au Théâtre Capitole de Québec, dont elle est l'organisatrice. Bien conscient que l'humoriste est encore très peu connu et qu'il devra offrir une solide performance sur scène devant plus de 1 000 personnes tirées à quatre épingles pour l'occasion, Steeve a malgré tout confiance que tout se déroulera comme sur des roulettes, il connaît déjà le talent unique et le charisme de son poulain. Mais ça ne se passe pas « exactement » comme prévu. En plus de se permettre quelques excès de vulgarité, P-A se donne aussi le droit de dépasser son temps alloué de plus de 45 minutes... Cet épisode, comme vous pouvez vous en douter, nécessita une discussion très sérieuse entre l'humoriste et son gérant.

- À l'époque où il animait les mardis de l'humour à Drummondville, P-A arrivait cinq minutes avant le début du spectacle. Un bon soir, les trois humoristes qui allaient présenter leurs numéros étaient bien entendu angoissés à l'idée que l'animateur ne se présente pas. Enfin, il arriva. «Donnez-moi vos trois sujets», leur demanda-t-il alors avant de se lancer sur scène, sans aucune trace de trac dans la voix. Fort heureusement, il finit par jouer son rôle d'animateur avec excellence et habileté. Comme un pro!

Vous l'aurez compris, Steeve dut s'adapter et apprendre à composer avec le comportement imprévisible de sa bibitte unique «P-A Méthot». Ce dernier pouvait s'endormir juste avant d'entrer sur scène ou arriver quelques minutes seulement avant le début de ses prestations. Il enchaînait pour 60 minutes de blagues alors que son contrat stipulait une présence de 30 minutes seulement sur scène. Et j'en passe. Il va sans dire que quelques conversations «moins humoristiques» eurent lieu entre le gérant et son artiste afin d'éviter «le plus possible» les égarements.

Au début de la création du spectacle *Plus gros que nature*, l'équipe de production n'était pas à l'aise avec l'idée de lui laisser le champ totalement libre, anticipant un résultat dénué de toute ligne directrice. Avec raison d'ailleurs, puisque l'humoriste démontrait encore à l'époque, juste avant le travail sur son *one man show*, un caractère extrêmement imprévisible. Il se permettait souvent de modifier ses numéros en fonction du public et de ses humeurs du moment. Son gérant, du même avis que la boîte de production, s'est même vu récolter de nombreuses fois un «Je ne sais pas!» à la question «Que vas-tu présenter ce soir, P-A?» De quoi rendre fous les plus grands producteurs et gérants qui soient! Malgré toutes ces précautions, ce qui devait arriver arriva. Près d'un mois après la première représentation de son *one man show*, P-A commençait déjà à modifier ses numéros, dérogeant du plan initial.

Le point positif de cette particularité unique qui caractérise si bien P-A Méthot, c'est qu'elle lui permet de renouveler son spectacle continuellement. P-A souhaite à tout prix éviter de tomber dans la redondance et, ainsi, de perdre la flamme. C'est pour cela qu'il modifie littéralement chaque soir au moins un élément de son spectacle solo. Pas étonnant qu'un grand nombre de ses admirateurs se déplacent plusieurs fois pour le voir, convaincus qu'ils assisteront chaque fois à une nouvelle performance. N'empêche, encore aujourd'hui, il arrive parfois que cette qualité devienne déstabilisante pour son équipe, en particulier lorsque P-A décide, au moment d'entrer sur scène, de ne plus faire ce fameux numéro qui conquérait chaque fois le public, pour en faire un autre à la place. Heureusement, son nouveau matériel est toujours aussi bon, sinon meilleur que le précédent.

Avec plus de 200 000 billets vendus, *Plus gros que nature* ne ressemble en rien à ce qui fut pensé et créé à l'époque, tellement le désir de se renouveler est fort chez le natif de Chandler. « Honnêtement, P-A doit avoir pour six heures de matériel dans sa tête », déclare Steeve. Il possède sans contredit une force mentale phénoménale à cet égard. C'est pour cette raison que les gens qui se procurent des billets pour le voir ne s'attendent pas à voir un spectacle rodé et pareil au précédent. Ils sont conscients qu'avec P-A Méthot ils prendront part à une expérience unique, différente d'une fois à l'autre.

Les «merde, va-t-il encore nous changer une ligne ce soir?» du producteur Entourage Spectacle et de Steeve ont tôt fait de laisser place à de sincères «faisons-lui confiance». Car dans cette surdose d'imprévisibilité quasi quotidienne existe une bien réelle constance : la qualité de ce qui est livré sur scène chaque soir. De ça, P-A n'en déroge pas une seule seconde.

> « P-A doit avoir pour six heures de matériel dans sa tête. »

SON TROUBLE DU **DÉFICIT** DE **L'ATTENTION** (TDA)

Depuis aussi loin qu'il se souvienne, P-A n'arrête jamais. Ou plutôt, son cerveau n'arrête jamais. Il jongle avec les idées, les transforme, les ressasse, en invente de nouvelles, puis recommence. Dans son cas, bien qu'on ne lui ait pas diagnostiqué d'hyperactivité physique, il présentait les symptômes d'une hyperactivité cérébrale. Autrement dit, ses pensées étaient inépuisables.

Or, malgré que ce trouble de l'attention se fasse sentir dans tous les domaines de sa vie, il n'en demeure pas moins qu'il connaît l'existence de ce problème depuis quelques années seulement.

Ce trouble l'affecte de différentes façons. Par exemple, il n'est pas rare que ses pensées se mettent à divaguer alors qu'il est sur scène. Pendant ce temps, le spectacle roule comme sur des roulettes et il ne perd jamais le fil. En effet, même s'il s'égare dans sa tête durant un numéro, il peut facilement reprendre exactement là où il a laissé. Le même phénomène se reproduit au quotidien : si quelque chose attire son attention alors

« Ma tête, c'est un chalet, un refuge. »

qu'il se trouve en pleine conversation avec son interlocuteur, il est en mesure de reprendre la conversation au bon endroit par la suite.

On se doute que cette particularité ne lui serve pas à tous les coups, mais il demeure que P-A se considère privilégié d'être doté de cette «faculté». Elle est devenue en quelque sorte une deuxième nature et il ne s'en passerait plus. Pour la création, c'est génial. De même, ça lui permet de s'autoprotéger dans les moments où il vit de fortes émotions, à la façon d'un mécanisme de défense.

En somme, son TDA lui permet de voyager en gardant les pieds bien au sol. «Ma tête, c'est un chalet, un refuge», conclut-il.

SON DIAGNOSTIC
DE **BIPOLARITÉ**

Bien que l'humoriste ait brièvement mentionné dans les médias les circonstances entourant son diagnostic, nous vous livrons ici tous les détails de cette période qui fut ni plus ni moins qu'une bénédiction dans la vie de P-A Méthot. Il est également important de souligner l'apport appréciable de Steeve Godbout, son gérant, dans la prise en charge de cette fameuse bipolarité.

Connaissant déjà P-A comme un être quelque peu instable sur le plan émotif, souvent prompt au découragement et à d'autres moments plus confiant en ses capacités et prêt à surmonter tous les obstacles, Steeve s'est mis un jour à s'inquiéter des changements brusques d'humeur et de discours chez son ami et collègue professionnel. Une journée, ce dernier le remerciait de tout cœur de lui avoir permis de devenir l'humoriste qu'il était, prêt à continuer à gravir les échelons. Puis, le jour d'après, anéanti et accablé de doutes, il se déclarait prêt à tout laisser tomber de sa carrière d'humoriste.

«Qu'est-ce qui ne va pas?», se demandait Steeve de plus en plus fréquemment. Il devenait clair que quelque chose clochait. C'est alors qu'un coup de téléphone vint confirmer ses soupçons. C'était en 2003. La conjointe de P-A à cette époque, effarée par les comportements de son amoureux depuis plus d'une semaine, n'avait eu d'autre choix que d'en informer le gérant. En effet, depuis près de six jours, P-A ne se lavait plus. Il ne faisait strictement plus rien en somme. Il se murait dans un silence de plus en plus pesant. Des pensées morbides et inquiétantes lui traversaient la tête. «Je ne voyais pas la possibilité de me sortir de ça. Ma vie, c'était de la merde, j'étais une merde. Tout n'était que merde», se souvient-il.

Pour Steeve, c'en était assez. Pas question de rester là sans rien faire et de laisser P-A, son artiste, oui, mais avant tout son grand ami, se détruire de la sorte. Souhaitant d'abord s'assurer que ses idées suicidaires n'étaient pas encore rendues au stade de la planification effective, il lui posa directement la question. Puis, il dut même se résoudre à le menacer de se présenter chez lui avec son ami de longue date et homme fort, Hugo Girard, s'il ne se décidait pas à sortir de chez lui de son propre gré et à aller consulter un professionnel de la santé mentale. Heureusement, Steeve n'eut pas à se rendre jusque-là, car P-A comprit vite le message. Le lendemain matin, P-A se rendit dès la première heure à la clinique la plus près de chez lui afin de rencontrer le médecin traitant. Au terme de cet entretien, P-A recevait un diagnostic de bipolarité de type II[3] et amorçait une prise de médication dans le but de stabiliser les effets de la maladie sur son humeur.

Cette journée-là, les masques sont véritablement tombés. À partir du moment où le diagnostic de bipolarité fut posé, le gérant fit réellement connaissance avec un nouveau P-A, tellement les résultats furent foudroyants. «Depuis 2003, ça n'a jamais rechangé» lance Steeve, une pointe de soulagement dans la voix. Leur relation, elle, ne connut fort heureusement plus aucun bouleversement ni heurt. Pour l'humoriste, être diagnostiqué bipolaire fut paradoxalement la plus belle nouvelle qu'il ait eue de sa vie. Enfin, tout s'expliquait.

Peu de temps après, l'humoriste accepta de prendre part à quelques thérapies de groupe qui lui firent le plus grand bien. Elles lui ont permis de se situer tant par rapport à sa maladie que par rapport aux autres. Toutefois, P-A juge maintenant qu'une thérapie ne lui serait plus d'aucun secours. La médication, elle, lui apporte la stabilité essentielle à son équilibre qu'il n'avait pas auparavant. «Ce que j'ai besoin de faire, c'est de comprendre ma maladie, pis de vivre avec.»

« Depuis 2003, ça n'a jamais rechangé. »

---

3. Le trouble bipolaire de type II se manifeste à la fois par des épisodes de dépression et des épisodes d'hypomanie, une forme légère de manie où la personne est exaltée, a beaucoup d'énergie et est très active. Source : http://www.pfizer.ca/sites/g/files/g10017036/f/201410/Bipolar_0.pdf.

LES **HAUTS** ET LES **BAS** DE LA **BIPOLARITÉ**

Avant qu'il soit officiellement diagnostiqué bipolaire, des hauts et des bas extrêmes ponctuaient le quotidien de l'humoriste, tant dans sa vie privée que dans sa vie professionnelle.

« Ce que j'ai besoin de faire, c'est de comprendre ma maladie, pis de vivre avec. »

Déjà au secondaire, les premiers signes de bipolarité se faisaient sentir. En effet, il est dorénavant évident pour l'humoriste que sa propension de l'époque à s'embarquer trop rapidement dans des projets et des activités ou à faire des dépenses impulsives constituait un signe de la maladie. C'est comme s'il était à la merci d'une intense impulsion passionnée. Résultat, ce qu'il entreprenait de cette façon se terminait bien souvent abruptement et rapidement, comme s'il n'avait pas pris le temps de bien évaluer la situation avant de se lancer. À l'âge de 20 ans, il a réellement pris conscience que ses moments *high* et ses moments *down* devenaient vraiment intenses. À preuve, il a déjà dormi plus d'un mois avec une arme chargée à ses côtés, sans cran de sécurité, afin d'être prêt si jamais il décidait sur un coup de tête de se suicider. On le constate aisément, son état avait pris des proportions importantes, au point où, pendant un certain temps, il s'est coupé complètement de ses proches et de la société. Conscient que quelque chose n'allait pas au niveau de ses émotions, il a décidé d'entreprendre un processus thérapeutique avec un psychologue. Cela a duré près de quatre ans, soit de 1996 à 2000. C'est également à cette époque que la médication est entrée dans sa vie afin de soigner les symptômes dépressifs qui le gênaient au quotidien. Loin de se douter qu'une maladie aussi grave que la bipolarité l'habitait, il n'a pas jugé bon de creuser plus loin ni de continuer sa médication, surtout que celle-ci ne semblait pas avoir de réels effets sur son humeur.

Malgré tout, les symptômes de la maladie n'ont jamais eu raison de son énergie à tout rompre sur scène. Il était toujours souriant et avenant et, bien qu'il soit affairé à quelque tâche d'envergure, aucune des paroles qu'il prononçait ne laissait présager le profond malaise dont il souffrait. Il était le maître du *poker face* depuis tellement longtemps qu'il maîtrisait cet art comme pas un. C'est pourquoi Steeve ne s'inquiétait pas outre mesure du fait qu'on avait fréquemment de la difficulté à le suivre et qu'émanait de lui une certaine instabilité émotionnelle. Un jour il voulait faire de l'humour, le lendemain il ne voulait plus rien savoir. Tant que ce trait de caractère ne lui nuisait pas lors de ses représentations, le gérant s'en accommodait très bien. Toutefois, dans la vie quotidienne de P-A, il en était tout autrement. Il était devenu clair pour ses proches qu'il était malheureux. C'est le cas de le dire, P-A Méthot hors scène et P-A Méthot sur scène étaient, avant son diagnostic, aux antipodes l'un de l'autre. «C'était phénoménal» se souvient Steeve. Malgré tout, personne ne pouvait se douter que leur P-A songeait au suicide et qu'il leur lançait en fait des cris du cœur chaque fois qu'il atteignait ses fameux sommets émotionnels...

Bien qu'il existe des côtés négatifs à la bipolarité, P-A a appris à vivre avec sa maladie, à l'accepter et à lui entrevoir certains aspects positifs. Le plus important, dans son cas, est cette faculté qu'il a de se construire des scénarios étoffés, incroyables et dépassant toute mesure. Au bout du compte, la seule différence qui existe entre aujourd'hui et autrefois dans sa façon de comprendre sa maladie, c'est de constater qu'à l'époque ses hauts et ses bas étaient imprévisibles. Aujourd'hui, ils sont mieux maîtrisés. Et c'est très bien ainsi !

LE DÉBUT DES ANNÉES 2000, OU LA **DÉBAUCHE IMMINENTE**

Au début des années 2000, l'humour ne fait pas encore vraiment partie du quotidien de P-A. Sa vie se résume plutôt à fréquenter les bars et les *raves*, ces soirées dansantes où l'on se laisse porter toute la nuit par le rythme effréné de la musique électronique. C'est ainsi que le surmenage et la fatigue chronique en viennent à prendre de plus en plus le dessus sur sa qualité de vie. Les jours avancent et les nuits raccourcissent. P-A en vient même à ne pas fermer l'œil pendant plus de cinq jours consécutifs afin de ne rien manquer. Pour tenir le cap, il consomme drogues et alcool. Tout y passe. Le jeune adulte entretient ce rythme de vie effréné pendant près d'un an, jusqu'à ce fameux coup de fil de son père, le 14 novembre 2000. Raymond Méthot, profondément inquiet de la tournure que prend la vie de son fils, compose son numéro de téléphone. Il est bien décidé à lui parler de ses inquiétudes. Cet appel de son père, ou plutôt ce monologue, a consisté à refléter durement à P-A la déchéance dans laquelle il

SA FACULTÉ
D'AUTODÉRISION

P-A Méthot éprouve un étonnant plaisir à rire de lui-même sans éprouver le moindre malaise. «Je ne me sens pas bien quand je ris des gens. Mais je me sens terriblement bien quand je ris de moi.»

C'est d'ailleurs dans ses spectacles qu'il met le plus de l'avant ce trait de personnalité. En effet, plutôt que d'encourager les réflexions collectives et les débats de fond, il préfère inciter les gens à décrocher complètement en leur donnant le droit de rire de la personne qui se trouve devant eux. Selon ses dires, il est toujours plus payant pour lui de se mettre ainsi à nu. En donnant la possibilité au public de rire de lui sans culpabilité, les gens n'ont pas à se demander si c'est acceptable ou déplacé de rire. C'est aussi de cette façon qu'il réussit le mieux à faire rire sans souffrir du fameux syndrome de l'imposteur.

Dans le cadre d'une publicité pour la promotion du tourisme en Gaspésie

se trouvait. Et il est loin d'y être allé avec des gants blancs, se souvient encore l'humoriste.

Heureusement, ce coup de fil a servi de moteur à une prise de conscience nécessaire chez le jeune aspirant humoriste. À l'instant où il raccrochait le combiné, un déclic s'est fait dans sa tête. Son père avait bien raison, il était en train de se détruire. Il se dirigeait droit vers le mur.

Ça ne pouvait plus continuer ainsi et il ne pouvait plus décevoir continuellement son père de cette façon. Trois jours de réflexion plus tard, P-A devenait sobre et cessait de fréquenter les *after parties* et les *raves* prisés par les jeunes de son âge. Il amorça, grâce à cet appel-choc, un nouveau chapitre de sa vie.

TÉNACITÉ,
PERSÉVÉRANCE ET PATIENCE

La ténacité, la persévérance et la patience lui vont comme un gant. Pour P-A Méthot, rien n'est facilement acquis. Pour réussir, il faut travailler fort et continuer à avancer malgré les obstacles qui jalonnent parfois la route. «Il faut que ça soit *tough*!», se convainc-t-il. Emmenez-en, des défis!

D'ailleurs, dans sa vie professionnelle, ce ne sont certainement pas une épaule disloquée, une douleur insupportable au pied ou un mal de gorge qui l'empêcherait de monter sur scène. Pas plus que d'être à un cheveu d'arriver en retard sur scène ou de devoir conquérir un public, qui semble vouloir le défier. Cette force de caractère n'est sans doute pas étrangère à la persévérance dont il a fait preuve à ses débuts. En effet, durant les 18 années où il a tenté de se tailler une place en humour, combien de fois P-A a-t-il répété à tous ces gens qui ne croyaient pas en lui : « Un jour, je serai... » Aujourd'hui, il affirme haut et fort « Aujourd'hui, je suis... » P-A n'abandonne pas, tant qu'il n'y est pas arrivé. Sa ténacité et sa persévérance constituent quelques-uns des nombreux héritages que lui a légués sa mère, Desneiges, la reine de la persévérance.

L'humoriste est aussi excessivement patient. Sans cette patience à toute épreuve, il ne pourrait s'acharner à résoudre toutes ces énigmes dont il est adepte, à réparer menus objets brisés avec tant de précision ou à trouver ces fameuses solutions qui requièrent une bonne dose de réflexion. Il préfère de loin prendre son temps et faire les choses avec douceur, plutôt que de bâcler ce qui peut être exécuté avec patience et précision.

L'IMPORTANCE DE TENIR SA VIE PRIVÉE « PRIVÉE »

Rien n'est plus précieux pour l'humoriste que de protéger sa vie privée et de l'écarter le plus loin possible des feux de la rampe.

Mis à part le court numéro de son *one man show* où il mentionne s'être découvert une nouvelle passion dans le fait de déjeuner avec sa fille, il tient mordicus à préserver ses proches de toute cette attention médiatique dont il bénéficie, tant dans ses entrevues que dans ses autres apparitions publiques. Même si cela n'est pas toujours facile, il s'en fait un devoir. D'ailleurs, il évoque à cet égard éprouver une grande admiration pour l'humoriste Martin Matte, ce dernier ayant su tenir sa famille éloignée des projecteurs et du vedettariat.

LE MOMENT **LE PLUS TROUBLANT** DE SA VIE DEVANT PUBLIC

La scène étant ce qu'elle est pour l'humoriste, il lui est quasi impossible d'éprouver un quelconque malaise devant son public ou d'avoir le sentiment de ne pas avoir mérité sa place.

Or, il fut un jour où P-A aurait souhaité se trouver n'importe où sur terre ailleurs que devant un public. Ce fut à l'occasion du discours qu'il prononça à la cérémonie d'enterrement de son père devant sa famille et ses proches. Aucun son ne pouvait sortir de sa bouche en raison du trop-plein d'émotions qui l'assaillait. Pendant quelques secondes, qui lui ont semblé interminables, il a littéralement figé devant le micro, juste avant de livrer le difficile message d'adieu destiné à l'homme qui comptait le plus à ses yeux. Ce fut indéniablement, selon lui, l'épisode le plus difficile qu'il ait eu à vivre devant public jusqu'alors. Jamais il ne s'était senti à ce point vulnérable.

PRÉVOYANCE PRESQUE...
MALADIVE

De nature extrêmement prévoyante, P-A ne laisse jamais rien au hasard lorsqu'il quitte le domicile familial pour ses obligations professionnelles ou encore pour des vacances loin des feux de la rampe.

En effet, sa conjointe ne s'étonne plus de le voir déposer dans sa valise tous les fils de chargeurs d'appareils électroniques inimaginables, toutes les crèmes et tous les médicaments possibles. Lorsqu'il est en déplacement sur la route, il pense à tout: sachets de ketchup, ustensiles, sous-vêtements de rechange, cure-dents, brise-vitre – au cas où il serait victime d'un accident de la route qui projetterait son véhicule dans une étendue d'eau –, alouette. Ce trait de personnalité, presque maladif, se traduit aussi dans sa vie professionnelle par son besoin d'être entouré de personnes organisées et dont le souci du détail est supérieur à la moyenne.

Pas étonnant qu'il ait un gérant comme Steeve et un directeur technique comme Pierre !

LE **STRESS**, NON MERCI !

S'il y a une personne sur terre qui gère bien le stress, c'est bien P-A Méthot. À un point tel que cette faculté qu'il a de se laisser porter par la vague lui porte parfois préjudice. En effet, il lui est arrivé dans son parcours professionnel de donner l'impression à ses supérieurs ou à ses collègues qu'il ne travaillait pas très fort. Ou encore il donnait l'impression d'être nonchalant.

Or, il n'en a pas toujours été ainsi. Ayant grandi dans une famille où les attentes étaient élevées et où le coefficient de stress atteignait parfois de hauts sommets, le jeune P-A a rapidement appris que de vivre dans un état d'urgence permanent était considéré comme «normal». Puis sont arrivés deux événements qui lui firent prendre conscience du danger qui le guettait s'il continuait à vivre de cette façon. D'abord, alors que son père commençait à éprouver certains problèmes cardiaques, P-A l'accompagna à un rendez-vous dans le cabinet du cardiologue. Ce dernier répétait sans cesse le mot stress : «Vivez-vous du stress ? Êtes-vous stressé ? Est-ce que quelque chose vous stresse ?»

P-A MÉTHOT, LE **PRÉFÉRÉ DES PERSONNES ÂGÉES**

«J'ai vraiment des alliés chez les 50 ans et plus», nous révèle P-A Méthot. C'est à sa grande surprise d'ailleurs, lui qui croyait plutôt attirer un public beaucoup plus jeune au moment de la création de son *one man show*. Ses admirateurs d'un certain âge rient de bon cœur et démontrent un réel plaisir à l'entendre raconter ses anecdotes «plus grosses que nature». Ces derniers manifestent aussi beaucoup d'empathie et de compassion à son égard lors de leurs échanges. Ce n'est sans doute pas pour déplaire à l'humoriste, lui qui a toujours eu un faible pour la compagnie des adultes, même enfant.

> « J'ai vraiment des alliés chez les 50 ans et plus. »

Puis, un jour qu'il se trouvait en Jamaïque avec sa conjointe Véronique Parent, P-A fit la connaissance d'un peuple chez qui le stress était un concept inconnu. Cette rencontre, additionnée à la rencontre coup de poing chez le cardiologue, l'inspira tellement qu'il décida d'abandonner consciemment et volontairement toute forme de stress dans sa vie.

LA BOULIMIE D'**APPRENDRE**

La soif d'apprendre de P-A Méthot ne date pas d'hier.

Depuis qu'il est tout jeune, il ne se lasse pas d'assister à des expositions de toutes sortes ou de visionner des documentaires et des reportages au Canal D et sur la chaîne Historia. Il lit tout sur ce qui capte son

P-A MÉTHOT, **PASSION SPYDER**

Il y a quelque temps, on lui a offert de suivre soit un cours de moto, soit un cours de Spyder (ce véhicule sur trois roues semblable à une motoneige). Après mûre réflexion et une évaluation de sa situation – homme de 40 ans, 125 kg (275 lb), papa d'une fillette de quatre ans –, la deuxième option s'imposa d'elle-même. En effet, ce mode de transport plus sécuritaire lui permettrait de se balader la conscience tranquille.

Amoureux du grand air, du vent et des grands espaces, le citadin de la Vieille Capitale originaire de la Gaspésie est donc devenu un adepte du Can-Am Spyder. Son véhicule est un modèle unique, car P-A l'a modifié afin qu'il ne ressemble à aucun autre sur le marché et sur les routes du Québec.

Le comble de la liberté sur trois roues !

Promenade en Can-Am Spyder avec « sa douce » Véronique

intérêt : de la profession belle et bien réelle de masturbateur de dindon en passant par l'état des faits en matière de réchauffement climatique. « J'aime démystifier les choses. » Il a souvent assisté à bon nombre de conférences et de séminaires mettant en vedette intellectuels, chercheurs ou scientifiques. Une des rencontres les plus marquantes à ce jour fut celle avec Hubert Reeves. La fascination qu'il a pour cet astrophysicien réside dans la nature des connaissances qu'il a acquises par la réflexion et la recherche. Cela en fait quelqu'un d'admirable à ses yeux. Selon P-A, on devrait écouter davantage ce que cet homme a à dire. «Il a une vision juste de la vie, de l'être humain et de l'évolution.»

« J'aime démystifier les choses. »

UNE CRAINTE **VISCÉRALE** DE DÉCEVOIR... ET D'OUBLIER

Vous l'aurez compris, P-A Méthot est un grand sensible. Un être parfois tourmenté aussi. Mais saviez-vous qu'il angoissait à la simple évocation des mots «décevoir» et «oublier»?

De l'avis de l'humoriste, il existe un phénomène particulier selon lequel nos parents sont les personnes les plus à même de nous aimer de façon inconditionnelle, peu importe notre apparence, peu importe ce qui arrive, les gestes que l'on pose, que nos choix leur plaisent ou non ou que nos paroles soient le fruit de nos colères ou de sentiments positifs.

Néanmoins, il a toujours existé chez lui cette crainte viscérale de déplaire qui va bien au-delà des liens familiaux. «Si tu m'aimes, tant mieux. Si tu m'aimes pas, tant pis. Mais si t'es déçu de moi, là c'est pas pareil.» Cela se traduit par une peur irraisonnée, qui le poursuit encore au quotidien, de décevoir son public et les gens qui le suivent.

« Si tu m'aimes, tant mieux. Si tu m'aimes pas, tant pis. Mais si t'es déçu de moi, là c'est pas pareil. »

La peur d'oublier constitue une préoccupation constante dans sa vie. Bien plus qu'une simple appréhension, cette peur est un véritable combat pour lui. Un combat dont il espère ressortir vainqueur en cas de dures épreuves lui coûtant la faculté de se souvenir. Mais quel est le pire qui pourrait lui arriver, à son avis ? Être atteint de la maladie d'Alzheimer ou être impliqué dans un grave accident de la route.

Heureusement, en prenant fréquemment des clichés de tout ce qui est important à ses yeux, il parvient à calmer un peu ses angoisses. Il photographie sa fille, ses amis, sa mère, les endroits qu'il visite, tout.

SES **SOURCES D'INSPIRATION,** D'HIER À AUJOURD'HUI

Étant d'une époque où Internet n'existait pas encore et habitant une région éloignée où l'industrie du spectacle est loin d'être ce qu'elle est dans les grandes villes, le jeune Paul-André a difficilement pu suivre la carrière de ses humoristes préférés. N'empêche que, grâce à son abonnement chez le diffuseur de spectacles de Chandler, Sapinart, il a eu la chance de rencontrer de grands noms de l'humour qui, déjà à l'époque, ne l'ont pas laissé indifférent. Ce fut le cas notamment de Michel Courtemanche, Yvon Deschamps et Daniel Lemire.

Au fil des ans et au fur et à mesure qu'il fit ses armes dans l'industrie de l'humour, P-A a noté certains traits de personnalité et des particularités d'humoristes d'ici qui devinrent en quelque sorte des modèles et une source d'inspiration. Parmi ceux-ci, Pierre Labelle des Baronets, pour sa façon de se distinguer des autres

P-A AURAIT SOUHAITÉ
PARTAGER LA SCÈNE AVEC...

Aux côtés de quels artistes P-A Méthot a-t-il rêvé de se retrouver sur scène, toutes disciplines confondues ?

- John Bellucci – il aurait aimé interpréter l'une de ses chansons, le film *The Blues Brothers*, le mettant en vedette, l'ayant fortement marqué durant son enfance ;
- Jack Black – pour *jammer* des heures durant ;
- Yani – pour le simple plaisir de surprendre les gens.

En dehors de ces fantasmes musicaux, P-A se considère déjà extrêmement chanceux d'avoir eu la chance d'interpréter *La bitt à Tibi* aux côtés de Raôul Duguay lors d'une émission spéciale *Juste pour rire* en région. C'était à Rouyn-Noranda, en Abitibi-Témiscamingue, en 2014. « C'est pas mal dans mes *tops* ! », affirme fièrement l'humoriste.

Enfin, P-A admet qu'il préfère de loin assister au spectacle d'un artiste qu'il admire et respecte, plutôt que de s'imaginer avec lui sur scène.

humoristes de l'époque (lire Pierre Labelle – Une inspiration en page 26), et Yvon Deschamps, pour sa longévité et le fait qu'il ait réussi à offrir aux moins nantis tous ses biens et sa fortune dans l'optique de recommencer à neuf sur toute la ligne. Il y a aussi Jean-Marc Parent, pour ses talents de conteur, Jean-Michel Anctil, pour qui il éprouve une profonde admiration pour sa longue carrière et l'impressionnant record de billets vendus pour son spectacle solo *Rumeurs* (532 000 billets), Peter MacLeod, pour sa faculté de prendre possession de la scène sur laquelle il se trouve et d'en prendre les commandes avec confiance. « Peter MacLeod,

« Peter MacLeod, c'est le seul gars qui arrive sur *stage* et qui, cinq secondes après, est installé. » c'est le seul gars qui arrive sur *stage* et qui, cinq secondes après, est installé. » Finalement, André Sauvé et François Bellefeuille sont aussi des modèles, pour la folie des personnages éclatés qu'ils font vivre sur scène avec énergie.

P-A est également un très grand amateur de *stand-up* américains, qui se rapprochent davantage de son propre style d'humour, non revendicateur, et de sa mise en scène, plutôt minimaliste.

P-A MÉTHOT **RIT QUAND**…

Qu'est-ce qui fait rire P-A ? Un mauvais *punch*. Quoi d'autre ? Sa fille et sa conjointe Véro. « Elles sont drôles dans la vie de tous les jours ; elles ne se forcent pas pour être drôles. Moi, les gens qui ne se forcent pas pour être drôles, j'aime ça. »

« Moi, les gens qui ne se forcent pas pour être drôles, j'aime ça. » P-A admet toutefois que le fait d'exercer le métier d'humoriste contribue à modifier sa façon d'apprécier l'humour qu'il consomme lui-même. Il constate en effet avoir beaucoup plus de difficulté qu'avant à décrocher, portant son attention sur un paquet de détails que seul un humoriste peut percevoir. En outre, il ne rit plus aux endroits qui normalement l'auraient fait rire. Une sorte de déformation professionnelle, si l'on veut.

P-A Méthot admet finalement qu'il existe très peu de choses qui le font rire aux éclats dans la vie… Étonnant, non ?

LA **NOSTALGIE** DU PASSÉ

Grand nostalgique, P-A éprouve un grand attachement pour le passé. De l'époque des *pin-up* à l'invention des Zippo[4], en passant par le jukebox et les guitares Fender, tout ce qui possède une riche histoire le fascine. À un point tel qu'il s'est inspiré de quelques-unes de ces « all american legends » pour certains de ses tatouages sur les bras...

QUATORZE SYMBOLES
TATOUÉS SUR LE CORPS

1 Une serveuse *pin-up* tenant un hot-dog dans ses mains.

Anecdote : à l'époque où il animait les mardis de l'humour à Drummondville, un membre du public lui lança le défi de se faire tatouer sur le bras une serveuse et un hot-dog. Il n'en fallait pas plus à l'humoriste téméraire pour accepter le pari, coûte que coûte ! Ce fut d'ailleurs le premier d'une série de quatorze tatous.

2 Zoé, le prénom de sa fille bien-aimée.

3 Un tracé représentant le contour de la Gaspésie ainsi que les coordonnées graphiques exactes de l'endroit où son père est enterré.

4 Une Pontiac GTO 1967.

Anecdote : un jour, Raymond Méthot partit s'acheter une voiture de modèle Pontiac GTO. À son retour, Desneiges, son épouse, fut étonnée en voyant son mari arriver au volant d'une Camaro SS. Quelle surprise !

---

4. Zippo est une marque américaine de briquets, créée en 1932 par George G. Blaisdell, à Bradford, en Pennsylvanie. Source : http://fr.wikipedia.org/wiki/Zippo.

5 V pour Véronique, sa conjointe des huit dernières années.

6 « Sometimes in my tears I drown, but I never let it get me down », paroles d'une chanson de l'artiste Matisyahu.

Traduction libre : Souvent je me noie dans mes larmes, mais je ne me laisse jamais abattre.

Courtoisie du Magazine Summum © Patrick Séguin

7 Symbole ésotérique représentant deux serpents entrelacés créateurs d'énergie. Son meilleur ami Jonathan Sirois s'est fait tatouer le même symbole sur son bras opposé.

8 Pancarte du resto Ben's Diner à Woodstock aux États-Unis, situé sur la célèbre route 66. P-A y a ajouté sa devise, *The show must go on.*

9 Une portée de musique encerclant son bras. Elle représente son amour de la musique.

10 Un micro *vintage* représentant son amour de la musique propre aux années 1950.

11 Un adaptateur permettant la conversion des disques 45 tours en disques 33 tours.

12 Un Zippo.

13 Un elfe à l'aile cassée. P-A se fit tatouer ce personnage le lendemain du premier infarctus qui affligea son père, en 1994.

14 Une représentation du personnage *Felix the Cat*, son personnage de dessins animés préféré durant l'enfance.

L'**AMI** DES OPPRIMÉS

P-A ne s'en cache pas, il attire les gens «particuliers», différents et bien souvent marginalisés par la société.

Par exemple, il n'est pas rare qu'une personne prenne la peine de traverser une foule bondée afin d'échanger quelques mots avec lui. Convaincu qu'il dégage une aura particulière, il n'a de cesse de remarquer que les gens se sentent à l'aise de lui raconter ce qui ne va pas dans leur vie, ou encore de lui témoigner leur peine. Les gens se confient facilement à lui. Les gens jasent avec lui. En échange de cette confiance qu'on lui témoigne et du courage dont ces personnes ont su faire preuve pour oser se dévoiler ainsi, P-A les écoute. «Je leur donne ce respect-là», ajoute l'humoriste. Selon lui, à partir du moment où l'on connaît l'histoire des gens, il est plus facile de ne pas les juger. Le même scénario se reproduit chez les enfants handicapés, qui ne se gênent pas non plus pour le serrer dans leurs bras avec sincérité et grande tendresse.

Chaque fois, P-A en retire un grand sentiment de bien-être. Il reçoit également de nombreuses lettres reliées à la maladie mentale. En lisant ces témoignages, l'humoriste réalise à quel point tout ce qu'il fait de bon cœur aide beaucoup de gens. Cela le touche énormément.

De plus, lui qui entretenait très jeune une ouverture et une certaine fascination envers les différences, était déjà à cette époque considéré comme «l'ami des opprimés, des oubliés, des négligés». Le natif de Chandler s'est toujours efforcé de ne jamais ridiculiser personne, ni de rire aux dépens de quelqu'un, quels que soient son apparence, son origine, ses choix, son métier, son salaire, ses passions et ses problèmes. Il n'en voyait pas l'intérêt.

AMOUREUX DU GENRE HUMAIN

Terriblement porté vers les gens, P-A ne passe jamais inaperçu, peu importe l'endroit où il se trouve. Il jase avec les gens, répond à leurs questions, s'engage dans de longues conversations. Loin d'être irrité par l'attention qu'on lui accorde, il adore cela et s'y lance à pieds joints. Même que la plupart de ses sorties publiques constituent en elles-mêmes de véritables épopées «plus grosses que nature».

Qu'il soit en vacances à Fort Lauderdale avec sa conjointe, dans un complexe hôtelier quelque part en Jamaïque avec son gérant Steeve, chez Costco un soir de semaine ou dans une petite boutique de souvenirs à Walt Disney, P-A trouve toujours le temps d'accorder aux gens qui l'apostrophent une bonne dose de jasette, de laquelle il est très difficile de l'en faire sortir. «Il devient *chum* avec tout le monde», ajoute son gérant, en précisant que cela n'a rien à voir avec de la vanité ou une quelconque forme de prétention. Il l'attribue plutôt au fait qu'il existe chez P-A une soif incroyable de contacts humains. Mais, surtout, P-A adore montrer aux gens qu'il les aime et qu'il apprécie leur soutien.

Bien entendu, P-A n'est pas différent de tout le monde. Or, il arrive que cette surdose de contacts humains atteigne parfois sa limite. P-A se réserve alors le droit de se retirer de tout cela pour réellement recharger ses batteries et faire le plein de tranquillité, pour qu'une fois bien reposé il revienne avec son plus beau sourire.

LES AMITIÉS DE P-A :
VOLET GASPÉSIE

Lorsqu'il retourne passer du temps en Gaspésie auprès de ses proches lors de ses vacances bien méritées, détrompez-vous si vous croyez que Paul-André Méthot continue d'être le centre d'attention qu'il est en tant qu'humoriste. Bien au contraire ! Ces quelques journées sont synonymes de silence pour l'humoriste, et cet arrêt lui fait le plus grand bien. Ce sont alors ses amis d'enfance gaspésiens qui prennent la relève. P-A affirme même qu'ils sont bien plus drôles que lui ! Non seulement ses *chums* sont restés les mêmes, mais la relation qu'il entretient avec chacun d'eux ne s'est pas altérée au fil du temps. Seul bémol : il n'a plus autant de temps à leur consacrer, à cause de ses mille et un engagements.

Heureusement, dans le tumulte des projecteurs, la simple évocation de sa Gaspésie natale et de ses amitiés d'enfance suffit à lui remémorer d'où il vient et qui sont ces gens qui n'ont jamais cessé de le considérer comme leur « Po-Paul national ».

UN **ATTACHEMENT** SANS BORNES
À SA GASPÉSIE NATALE

Pour P-A, il n'y a rien de tel que l'air ambiant qui se dégage de sa chère Gaspésie. Cet air-là, il en redemande. Ce besoin viscéral trouve certes une partie de son origine dans tous les bienfaits que cette région lui procure.

La familiarité et la proximité des habitants, P-A s'en délecte. « À partir du pont de la Nord[5], je redeviens

---

5. Il s'agit des limites de la ville de Chandler.

Po-Paul. Je redeviens Paul». En effet, dès qu'il pose ses pieds dans le village, P-A n'est plus perçu comme la vedette de l'humour, mais plutôt comme le jeune garçon qui faisait partie des cadets et qui a réussi. Et ça, ça n'a pas de prix. D'ailleurs, en plus de durer trois heures, le *one man show* qu'il livre de temps à autre sur la scène Mathieu-Collin, de la salle Thomas Morissey à Chandler, ne ressemble en rien à ce qu'il a l'habitude de présenter ailleurs. C'est différent parce que, là-bas, il n'a pas besoin de leur expliquer sa vie; ils la connaissent déjà!

> « À partir du pont de la Nord, je redeviens Po-Paul. Je redeviens Paul. »

Est-ce dans ses plans de retourner vivre dans sa Gaspésie natale un jour? C'est plus qu'un plan: il y vivra ses derniers jours, c'est non négociable.

« MA VIE EST UNE
TRAME SONORE »

P-A est l'un de ceux pour qui la musique occupe une place très importante dans sa vie. «Ma vie est une trame sonore», confie-t-il sans gêne. Loin d'être sortie de nulle part, sa passion pour la musique, il la doit à sa mère, elle-même une inconditionnelle de blues, de jazz et de country. L'enfance de P-A fut ponctuée de longues séances musicales sur huit pistes, d'Ella Fitzgerald à Loretta Lynn.

> « Ma vie est une trame sonore. »

Voici donc, en exclusivité, l'évolution des chapitres musicaux de la vie de P-A Méthot.

1 « Une adolescence *trash* » : King Diamond, Halloween, Triumph, Iron Maiden, Quiet Riot, AC/DC.

2 « Jeune adulte ou l'époque des chansonniers » : Richard Desjardins, Jacques Michel, Charles Aznavour, Jean-Pierre Ferland.

3 « Post-commis chez Archambault » : Gentle Giant, Frank Zappa, Ani DiFranco, Natalie Merchant, Chantal Kreviazuk, 10,000 Maniacs, Tori Amos, Sarah McLachlan, Loreena McKennitt.

4 « Électro planant » : Taiga, Morcheeba, Laika, John Digweed, Era.

5 « P-A Méthot, humoriste » : aujourd'hui encore, la musique fait intégralement partie de sa vie, dans sa carrière particulièrement. Par exemple, avant de performer sur scène, la musique qu'écoute P-A dans sa voiture doit le « crinquer », lui faire du bien et lui permettre en même temps de se vider la tête. Au printemps 2015, au moment d'écrire ces lignes, *Si tu reviens* de Louis-Jean Cormier jouait en boucle dans les haut-parleurs de son véhicule avant chaque spectacle. De la même façon, le choix de la chanson qui lance son spectacle *Plus gros que nature* soir après soir est d'une importance primordiale. Vous ne serez pas surpris d'apprendre que ce choix change fréquemment selon les humeurs de l'humoriste...

MULTI-**INSTRUMENTISTE**

P-A ne s'en cache pas, la musique est réellement le domaine où il aurait profondément souhaité percer. De la même façon qu'il est monté sur scène la première fois pour jouer de la musique. Il faisait alors partie d'une harmonie du nom de *Panthère rose* dans laquelle il

Une performance musicale durant *Plus gros que nature*

© Stéphane Bergeron

jouait du trombone à coulisse. En plus d'être musicien lui-même, il consommait la musique de façon presque maladive. Cette fascination qu'il a toujours entretenue pour cet art lui a permis de développer une oreille musicale, ainsi qu'une véritable passion pour tous les styles possibles, de la musique électronique au folk, en passant par les percussions et le rock psychédélique.

Avant même de s'intéresser aux cordes et aux accords de guitare, ce sont plutôt les octaves du trombone à coulisse qui ont charmé le jeune P-A âgé de 12 ans. Il s'est ainsi amusé à perfectionner son talent pendant cinq ans, jusqu'au jour où un événement vint changer sa vision de la musique à tout jamais : il tomba amoureux. Heureusement, en secondaire 3, sa mère lui offrit sa première guitare à vie. Il n'en fallut pas plus au jeune adolescent pour se donner pour objectif d'apprendre *Hélène*, de Roch Voisine, au chant et à la guitare, afin de l'offrir à sa bien-aimée pour Noël. Cet épisode fut réellement l'élément déclencheur de son amour inconditionnel pour la guitare. Puis, à son arrivée à Québec en 1991, il élut domicile pendant près de deux ans chez sa tante Rita à Charlesbourg, en banlieue de Québec. Il en profita alors pour solidifier la relation qu'il entretenait avec son cousin Pierre, également musicien. C'est d'ailleurs à cette époque que ses talents de musicien se sont révélés, ayant plus que jamais le loisir de pratiquer et d'apprendre de nouvelles notions avec son cousin.

Aujourd'hui encore, P-A caresse l'idée de produire son propre projet musical solo. Bien qu'il soit d'avis qu'il est passionnant de faire de la musique en groupe, il croit toutefois que ce n'est pas une nécessité que de s'en tenir à cela. Surtout qu'il serait loin de manquer de ressources – il possède à l'heure actuelle une collection de 14 guitares et il est déjà très bien nanti en matière d'équipements de studio – s'il se mettait réellement à la réalisation de ce vieux rêve d'adolescence. À suivre...

CHEF DANS UNE
PROCHAINE VIE ?

Après la musique, la cuisine est ce qui passionne le plus le Gaspésien. Il nous dévoile même qu'il envisage fortement d'ouvrir son propre restaurant lorsqu'il prendra sa retraite de l'humour. Bien plus qu'un rêve, il s'agit d'un réel projet pour ses vieux jours. Animé par un profond désir de nourrir les gens, au sens propre et figuré, P-A retire une grande satisfaction personnelle à voir les gens investis d'un sentiment de satiété, surtout lorsqu'il en est l'instigateur.

P-A entouré de sa mère et de son père à Pâques, en 2011

UN
HÉRITAGE
EN OR

L'**HÉRITAGE** PATERNEL

Fils d'un père stressé, P-A Méthot a longtemps suivi les traces de son père (lire Le stress, non merci! en page 58). De plus, ce n'est pas du voisin que l'humoriste tient son extrême sensibilité et sa grande émotivité. Son père était également un grand émotif, bien qu'il éprouva pendant longtemps le besoin de masquer sa grande sensibilité.

Aussi, P-A est convaincu que c'est son père qui lui a légué le «front de bœuf» qui le caractérise. Selon lui, rien de ce qu'il fait aujourd'hui n'aurait été possible sans sa «tête de cochon», sa personnalité passionnée et son caractère explosif. «Donne un coup sec. Ça va faire mal, mais ça va guérir plus vite», entendait-on souvent chez les Méthot.

Pour P-A, le respectable Raymond Méthot n'était rien de moins qu'un grand homme. Le principal enseignement à son fils fut le sens de la justice, qu'il a su lui transmettre avec brio. Encore aujourd'hui, P-A croit que, si quelqu'un mérite de se faire féliciter, il faut que quelqu'un le félicite. Au contraire, si quelqu'un mérite de se faire réprimander, on doit le réprimander. Il lui a également transmis son amour des enfants. Pour monsieur Méthot, rien n'était plus précieux qu'un enfant dans la vie.

Enfin, son père, à l'image de sa mère Desneiges, était doté d'une générosité implacable. P-A Méthot a de qui tenir...

« CHEZ NOUS,
TOUT ÉTAIT ROUGE ! »

Chez les Méthot, les liens familiaux sont tissés très serré. Les parents et les grands-parents étaient considérés comme d'importantes figures d'autorité très respectées au sein de la famille. Pas étonnant que Maria Montmagny-Méthot, mère de Raymond Méthot, ait cohabité avec P-A et ses parents jusqu'à son décès en 2002. Aujourd'hui, l'humoriste garde un souvenir intact de cette « grande dame ».

Du haut de ses 4 pieds et 6 pouces, elle dégageait une énergie et une fierté incomparables. Sa bonne humeur était contagieuse. Dotée d'un sens aigu du dévouement, elle était également vaillante comme pas deux. Très jeune, elle dut s'occuper de sa famille après le décès de ses propres parents. Puis, avant même que P-A ne vienne au monde, elle tenait avec son mari un magasin général dans le village maintenant disparu de Sainte-Bernadette-de-Pellegrin, en Gaspésie. C'était l'époque de la crise économique et les temps étaient durs pour les habitants du village. La généreuse Maria

P-A entouré de sa conjointe Véronique, sa mère Desneiges et de son gérant Steeve au Gala Les Olivier, en 2013.

leur fit donc cadeau de portions de farine et de mélasse afin qu'ils aient de quoi se mettre sous la dent. Son mari, lui, est décédé d'un cancer à 58 ans. P-A n'eut donc pas le bonheur de connaître son grand-père.

P-A a toujours considéré sa grand-mère comme sa deuxième maman. Elle lui a appris à patiner et à monter à bicyclette, notamment. Elle l'aidait même à faire ses devoirs et ses leçons, elle qui ne savait ni lire ni écrire ! P-A se souvient aussi de la couleur dominante à la maison, le rouge. «Chez nous, tout était rouge !» La politique, l'éducation, les équipes sportives, etc. Maria lui a inculqué l'importance du respect, de la religion et de la fierté.

Enfin, P-A n'oubliera jamais la plus grande leçon que lui a transmise sa grand-mère, celle de profiter des simplicités de la vie. Elle lui répétait souvent que le bonheur était le chemin et non une fin en soi. Encore aujourd'hui, c'est un principe de vie que l'humoriste essaie d'appliquer dans sa vie. Grand-maman Méthot était une femme exceptionnelle, sans aucun doute !

UNE **ADMIRATION SANS BORNES** POUR MAMAN MÉTHOT, L'ARBRE FORT DE LA FAMILLE

P-A voue une admiration sans bornes à sa mère, Desneiges Grenier-Méthot.

Depuis toujours très engagée dans sa communauté, notamment en ayant fait partie du Club des Lionnettes de Chandler pendant près de trente ans, la femme de petite taille est également tout ce qu'il y a de plus épicurien.

Alors que P-A était encore enfant, elle adorait se produire sur scène dans des pièces de théâtre avec ses comparses des Lionnettes. Le jeune garçon a même eu la chance d'assister à de nombreuses répétitions avec sa mère. Grâce à ces incursions artistiques, P-A s'est vite découvert un intérêt pour la scène et ses coulisses.

Arborant aujourd'hui 79 années de vie, elle démontre un côté « hop la vie » extrêmement développé. Ricaneuse, elle adore rire. De plus, partout où il y a de la musique, elle y est ! À la maison, il y a toujours une radio allumée pour danser au son des plus belles mélodies. D'un autre côté, elle peut se montrer tranchante et même maligne lorsque la situation le lui demande. En effet, il semble qu'elle obtienne la palme d'or au titre des femmes les plus tranchantes que P-A connaisse. «Pour maman, c'est noir ou c'est blanc», de dire P-A. Toutefois, cet aspect de son caractère ne se manifeste pas facilement, puisqu'il lui en faut beaucoup pour se rendre jusque-là. Attention par contre, car, une fois que le feu est pris, il est extrêmement difficile de l'éteindre!

Bien qu'elle eut adoré s'engager davantage dans sa collectivité, à la manière de son époux Raymond (lire Un père engagé dans sa communauté, en page 22), madame Méthot a dû s'occuper des siens durant de nombreuses années, en commençant par ses propres parents ainsi que sa belle-mère, grand-maman paternelle de P-A (lire «Chez nous, tout était rouge!», en page 76), jusqu'à leur décès. De plus, P-A lui sera éternellement reconnaissant et admiratif pour sa force de caractère, elle qui a eu la capacité de mettre ses propres besoins de côté, par pure bonté de cœur, afin de s'assurer que les gens qui l'entouraient ne manquent de rien. Cette force, P-A en a réellement pris conscience après le décès de son père. «C'est là que j'ai vu toute la force de ma mère. Parce qu'elle était en deuil de son mari, elle venait de devenir veuve. Elle avait cette peine-là puis ce deuil-là à vivre, mais elle a quand même privilégié son rôle de maman pour venir me réconforter moi. Pour me parler à moi, parce qu'elle savait que j'étais fragile. Puis elle, elle savait qu'elle était plus forte que moi. Mais elle n'était pas obligée de faire ça, parce qu'elle avait tout le droit du monde de pleurer sa peine, pis de vivre son deuil.»

Également très pudique de ses émotions, elle pleure très peu. Madame Méthot est sans conteste « l'arbre fort » de la famille, le roc.

LE **DÉCÈS DE SON PÈRE**;
UNE ÉPREUVE BOULEVERSANTE

Naissance : 1940

Décès : 14 février 2012, alors âgé de 72 ans.

Cause du décès : mort subite reliée à des problèmes cardiaques.

Faisant partie de ceux qui croient encore à la vie après la mort, P-A a la conviction que son père vit encore à travers lui. Or, son plus grand regret demeure que son paternel n'eut pas le privilège d'assister de son vivant à son premier spectacle solo, ce dernier étant décédé un an et deux mois avant le début de la tournée de rodage du spectacle *Plus gros que nature*.

Un bon matin, alors qu'il se trouve au domicile de son ami humoriste Max Leblanc à Sherbrooke, il s'aperçoit que son téléphone cellulaire affiche cinq appels manqués : deux provenant de sa douce moitié, les trois autres du domicile familial. Quelque chose cloche, P-A en a la profonde conviction. Même que, plutôt que de dire à son ami qu'il s'apprête à appeler « chez nous », ou « chez m'man pis p'pa », il lance instinctivement un « il faut que j'appelle m'man », comme s'il pressentait déjà l'absence de son père. Il compose alors le numéro et sa mère au bout du fil de lui dire « Je n'ai pas des bonnes nouvelles. J'ai retrouvé ton père sans vie ce matin. »

Le choc est instantané. Un raz de marée, une douleur au cœur incommensurable, semblable à une bombe atomique qui éclate sous ses pieds. «Je te jure, tu m'aurais coupé les tendons d'Achille et ça n'aurait pas été pire.» Et là, des cris incontrôlables impossibles à étouffer. Puis P-A qui s'effondre au sol, impuissant, défait. Son chum Max Leblanc accourt à sa rescousse et les deux hommes restent là, muets, profondément troublés, jusqu'à ce que P-A soit de nouveau capable de se relever.

Étant contraint de prendre la route pour aller rejoindre les siens, l'humoriste doit alors affronter la difficile épreuve de faire le trajet Sherbrooke-Québec. «Il faut que je voie ma fille», pense-t-il. Bien qu'elle n'avait que six mois à l'époque, il lui était d'une nécessité absolue de la tenir dans ses bras, comme pour revivre, l'instant d'une berceuse, le lien qui unit un père à sa progéniture. «J'avais besoin de la dernière page, parce que je venais d'arracher la couverture», exprime-t-il aujourd'hui avec un certain recul. La dernière page, c'était sa fille. Et, grâce à elle, le tome 2 allait s'écrire.

Ensuite, direction Gaspésie pour régler toutes ces questions administratives et funéraires dont il se serait volontiers passé. Or, le temps n'était plus aux émotions, mais à la tâche. Dans sa tête, ces mots roulent en boucle : «Quand je vais être arrivé, il va être là.» Enfin arrivé en territoire gaspésien, il enchaîne les moult rendez-vous avec efficacité, précision et rigueur, sans laisser quelque émotion refaire surface. Comme si sa vie en dépendait. Il fallait penser à tout, sauf à la cruelle réalité selon laquelle son père n'était plus.

De cet homme, il en aurait pris encore beaucoup plus. Malgré tout, cette façon forte et courageuse qu'a eue P-A de faire face à ce deuil demeure l'une de ses plus grandes fiertés. Il a découvert en lui une force insoupçonnée. « Dans ma vie, ça, ça m'a amené beaucoup plus que ça m'en a enlevé. Parce que j'ai réalisé à quel point j'étais capable de faire les choses que je ne souhaitais jamais faire. Je n'ai jamais souhaité enterrer mon père, mais j'ai été capable de le faire. » De cette épreuve est née cette indulgence envers lui-même, celle de s'accorder le droit de vivre sa peine, comme si c'était la dernière étape avant d'en arriver à une réelle et totale acceptation de la perte d'un être cher, même si ça fait mal. Malgré le fait qu'il ait pu bénéficier de trois semaines sans obligations professionnelles pour bien vivre son deuil, il admet toutefois avoir été longtemps amer à cause de ce peu de temps qu'on lui a accordé. Il aurait bien pris six mois pour les passer aux côtés de sa mère.

Or, il est maintenant convaincu que c'est exactement de cette façon qu'il fallait que ça se passe, sans quoi il se serait sans doute effondré.

LE **PREMIER NUMÉRO**
COMPLET DÉDIÉ À SON PÈRE
(VERSION ORIGINALE)

De tous ceux qui furent sélectionnés pour la production de son *one man show*, un seul numéro a pu échapper au processus standard de script-édition : le numéro dédié à son père. Celui-là, pensé par P-A lui-même, fut coécrit avec Peter MacLeod et Jean-Michel Anctil.

P-A ne présente plus ce numéro dans sa forme originale. Il fut un temps où, suivant sa perte, cela lui faisait un bien énorme de le raconter. C'était une sorte de thérapie pour lui, une façon de garder son père auprès de lui. Autant il avait l'impression que son père vivait sur scène à ses côtés, autant, comme à l'occasion du premier anniversaire du décès de son père, il s'est mis à ressentir une énorme douleur au cœur, qui persistait, même après le spectacle. Or, il y eut un déclic et il a compris qu'il ne pouvait plus continuer ainsi. Trois soirs de suite, il a choisi de ne pas présenter ce numéro en guise de respect pour son collègue qui venait tout juste de perdre son père. Cette pause lui fit tellement de bien, émotionnellement de même que physiquement parlant, qu'il repensa le numéro afin d'en faire un numéro-hommage, libre de toute cette lourdeur émotionnelle qui le caractérisait jusque-là. Cette décision, il l'a prise autant pour lui-même que pour son public qui, en son sens, ne méritait pas qu'il les fasse plonger dans de douloureux souvenirs semblables. Aujourd'hui, ce numéro lui fait du bien. «J'aime beaucoup la version que j'en ai faite et, depuis que je la fais, ça va beaucoup mieux.»

© Stéphane Bergeron

Durant *Plus gros que nature*

P-A MÉTHOT EN A LONG À DIRE SUR...

LE *STAR SYSTÈME* BELGE
SELON P-A

P-A envisage-t-il de faire carrière en Europe éventuellement? L'humoriste croit qu'il serait sans doute plus ardu de percer en Europe, en raison de l'important fossé culturel qui existe entre les deux continents. « Pour bien me faire comprendre là-bas, il y a beaucoup de choses auxquelles il faudrait que je réfléchisse », explique-t-il.

Par ailleurs, ayant eu le privilège de performer en Belgique à l'occasion du Voo Rire, le Festival international du rire de Liège, il affirme que l'attitude de ses admirateurs québécois n'a strictement rien à voir avec celle du public outre-mer. Par exemple, les gens attendaient depuis 6 h du matin à la porte de la salle de spectacle, appareil photo à la main, malgré le fait qu'ils n'avaient aucune idée de l'identité de l'humoriste qui allait se présenter sur scène le soir même. Vraiment, un *Star Système* complètement étranger au nôtre.

LES JEUNES, UNE **MINE D'OR** À EXPLORER AVEC DOIGTÉ

Ayant lui-même été un adolescent à la fois incompris, rejeté et mal dans sa peau, P-A Méthot se fait aujourd'hui un fier défenseur des jeunes.

Il croit qu'il est nécessaire qu'on leur accorde l'attention dont ils ont besoin. Ils veulent qu'on les écoute. Qu'on leur parle avec franchise. Qu'on leur dise les vraies affaires. C'est également en parlant leur langage et en les approchant dans leur élément qu'ils offriront le meilleur d'eux-mêmes, croit-il. «Il faut nous mettre à leur niveau», est-il convaincu. C'est clairement de ce type d'approche que P-A aurait aimé bénéficier alors qu'il était lui-même adolescent.

Aujourd'hui, P-A souhaite le meilleur qui soit pour la jeune génération et celles à venir. Dirigeants et intervenants à la jeunesse, le message est lancé...

Malgré tout, P-A a profondément apprécié son expérience chez les Belges, eux qui comprennent très bien l'humour québécois et qui sont, par conséquent, un public extraordinaire.

OUST! L'**HUMOUR POLITIQUE** ET POLÉMIQUE!

L'absence d'opinions personnelles sur les sujets chauds d'actualité dans les numéros de P-A ne manque pas d'en faire réagir plus d'un dans l'industrie, comme au sein des consommateurs d'humour et des médias.

Certains y voient là un manque d'affirmation de la part de l'humoriste, comme une peur de «se mouiller» ou d'assumer ses propres inclinaisons politiques et sociales. À ceux-là, il répond avec conviction qu'il aura grand plaisir à partager tout ça face à face, autour d'un café ou d'un bon repas. Mais qu'on ne lui reproche pas de ne pas provoquer les foudres et les ardeurs de tout un chacun sur scène et d'alimenter la réflexion collective dans son *one man show*, car telle n'est pas la mission dont il s'est porté garant, tout simplement.

Qu'on se le tienne pour dit : la scène, c'est le lieu de prédilection qu'il a choisi pour s'éclater et faire oublier tous leurs tracas aux gens assis dans la salle. Il est convaincu qu'il est possible de toucher les gens avec des choses simples ne faisant pas intervenir des sentiments refoulés ou des prises de position.

Point final.

TOLÉRANCE ZÉRO
POUR L'INTOLÉRANCE

Il est de ces choses pour lesquelles P-A n'admet aucune tolérance.

Parmi celles-ci, la violence verbale. Les discussions animées s'échelonnant sur plusieurs heures sont loin de l'irriter. Même qu'il adore échanger et argumenter. Toutefois, s'il y a quelque chose qu'il ne tolère pas, c'est qu'on s'adresse à lui en haussant le ton ou en l'attaquant. Cela constitue véritablement sa maxime dans l'ensemble de ses échanges interpersonnels, tant privés que professionnels.

En outre, il présente une intolérance aiguë s'il sent qu'on rit de lui de façon polie. Il préfère de loin que les rires déployés à ses dépens soient assumés et sincères !

En voici un exemple concret : « Votre appel est important pour nous. » Ce type de phrase, souvent entendue sur bon nombre de messageries vocales d'entreprises, P-A n'y croit pas une seconde. Il y voit plutôt une façon détournée et insidieuse qu'ont certaines entreprises de se moquer des gens de façon politiquement correcte.

Bien entendu, ces thèmes, en plus de ceux qui sont reliés aux inégalités sous toutes leurs formes, reviennent souvent dans ses numéros. C'est ce genre de choses qui l'inspire, puisqu'il est convaincu qu'elles possèdent un excellent potentiel de résonance chez bon nombre de gens.

LA **MALADIE MENTALE**, UNE CAUSE QUI LUI TIENT À CŒUR

En collaboration avec Steeve Godbout et PPSCANADA, l'entreprise du gérant, P-A offre à l'occasion des conférences reliées à la maladie mentale, lors desquelles il livre son cheminement par rapport à la bipolarité. Étonnamment, ce type d'animation et de présence devant public ne lui procure pas le même sentiment de protection et de confiance qu'il peut ressentir lorsqu'il est sur scène en tant que P-A Méthot, humoriste. Cette sensation, il l'explique en ces termes : « J'ai peur que mes paroles servent d'interprétation au diagnostic. » En d'autres mots, il redoute que les gens qui assistent à ses conférences se reconnaissent dans l'un ou l'autre des troubles de la santé mentale et qu'ils en viennent à s'alarmer inutilement et dangereusement, ou à s'attribuer un diagnostic erroné.

Ne se considérant nullement comme un spécialiste de la bipolarité, P-A se voit plutôt comme un homme qui vit avec cette maladie et qui aime raconter son histoire dans le but d'aider les autres à se poser les bonnes questions et à se rendre compte qu'ils ne sont pas seuls à vivre cette réalité. Bien qu'il en parlait depuis longtemps autour de lui, c'est réellement son engagement auprès de la Fondation de l'Institut universitaire en santé mentale de Québec, ainsi qu'avec les centres de crises du Québec, incluant notamment une campagne de sensibilisation très médiatisée coanimée avec l'humoriste Jonathan Roberge, qui a mis P-A sur la carte au niveau de la maladie mentale. Ce n'est pas pour rien que ces organismes ont choisi de collaborer avec cet humoriste; il a une façon toute particulière d'aborder la question de sa maladie mentale et d'en parler sans jugement, sans préjugés. Cela inspire confiance et permet à ces personnes, également touchées par la bipolarité et d'autres troubles connexes, de se reconnaître en une figure publique et de se sentir mieux comprises, voire plus acceptées dans leur différence.

Publicité d'une campagne de sensibilisation par la Fondation de l'Institut universitaire en santé mentale de Québec

Malgré tout, P-A reste conscient de sa responsabilité à l'égard de ces gens qui souffrent souvent en silence.

« Tout ce que je peux faire, c'est de les encourager à aller consulter, à ne pas se sentir coupables. »

«Tout ce que je peux faire, c'est de les encourager à aller consulter, à ne pas se sentir coupables.» Il demeure toutefois très conscient de la portée limitée de ses interventions, ne se présentant pas en sauveur, mais humblement et simplement comme une personne qui pourrait produire un déclic chez les personnes qui l'écoutent parler. Il invite d'ailleurs fortement les gens aux prises avec des difficultés à ne pas hésiter à aller chercher de l'aide. Souvent, c'est la seule solution.

POURQUOI NE PAS AVOIR FAIT
L'ÉCOLE NATIONALE DE L'HUMOUR ?

«Je suis fier de ne pas avoir fait l'École nationale de l'humour, d'être resté à Québec et d'avoir tenu mon bout», exprime-t-il en des mots qui témoignent de façon évidente sa fierté d'être considéré par l'industrie comme un humoriste établi ayant plutôt choisi sa propre voie, celle de l'autodidactisme, et ayant quand même réussi.

C'est pourquoi, lorsqu'on lui pose la fameuse question «Pourquoi ne pas avoir fait l'École nationale de l'humour?», P-A répond d'emblée qu'il n'a pas eu besoin de passer par là. Il est également important de savoir qu'à ses débuts il n'était tout simplement pas au courant de l'existence de cette école. Rappelons-nous qu'à cette époque, en 1996, l'École nationale de l'humour existait depuis seulement huit ans et n'avait pas encore le panache qu'elle a aujourd'hui auprès des aspirants humoristes. Lorsque le nom de cet établissement d'enseignement de l'humour est parvenu à ses oreilles, cela ne lui a pas traversé l'esprit de s'y inscrire. Ayant déjà commencé à faire des spectacles ici et là, il était déjà un peu « semi-établi ».

P-A est également d'avis que, s'il avait connu le succès qu'il connaît actuellement dans la jeune vingtaine, il aurait sûrement eu plus de difficulté à le gérer. Aujourd'hui, du haut de ses 41 ans d'existence, il a de bons antécédents de déceptions et de réussites, de même qu'une bonne connaissance du milieu et de lui-même. Il a aussi le sentiment de mériter ce qui lui arrive, car il a la profonde conviction d'avoir travaillé très fort pour l'obtenir.

« Je suis fier d'être resté à Québec et d'avoir tenu mon bout. »

SA FAÇON DE **VOIR L'HUMOUR**

À propos de l'industrie de l'humour au Québec, P-A Méthot en a long à dire !

D'abord, les humoristes qui prennent plaisir à rire des gens dans leurs spectacles. Qu'en pense-t-il ? « Je n'ai aucun problème avec ça, tant qu'ils s'assument. » P-A, lui, n'y voit absolument aucun intérêt. D'ailleurs, il est très rare qu'il nomme quelqu'un dans son spectacle et, s'il le fait, c'est pour lui rendre hommage.

Pour P-A, il n'existe pas de public « pourri » ni même « médiocre ». « Il n'y a pas de mauvais public, il n'y a que de mauvaises circonstances. Il y a de mauvaises actions, de mauvais choix, mais jamais de mauvais public », tient-il à mentionner.

Aussi, l'humoriste éprouve un profond malaise avec la décision consciente que prennent certains humoristes de calculer le temps qu'ils passent sur scène, peu importe la somme déboursée par leurs admirateurs. En effet, il n'est pas rare de voir un *one man show* se déployer ainsi : une première partie, d'une quinzaine de minutes, suivie d'une performance de 75 minutes de l'humoriste principal, le tout sans entracte. Telle est la formule standard, paraît-il. C'est ce problème d'éthique de l'industrie que dénonce P-A. Pas de l'industrie de l'humour exclusivement, spécifie-t-il, mais de l'industrie du spectacle en général. Bien qu'il soit extrêmement conscient de la nécessité de financer beaucoup de choses, des salles de spectacle à la promotion, il est d'avis que les sommes importantes qui sont soutirées au public sont parfois démesurées et injustifiables.

Malgré ces quelques irritants et particularités de cette industrie, l'humour demeure la seule chose dans laquelle le natif de Chandler se soit trouvé vraiment bon la première fois qu'il s'y soit adonné. Faire de l'humour lui fut même salutaire.

LE PLUS DIFFICILE DANS CE MÉTIER :
RÉALISER L'AMPLEUR
DE SON PROPRE TALENT

Réaliser l'ampleur de son propre talent, telle est « la » prise de conscience que tout humoriste doit absolument amorcer un jour ou l'autre, sans quoi il stagnera, pense P-A. Serait-ce tout simplement une autre façon de parler de confiance en soi ? Absolument.

Loin d'être banale, la confiance en son propre talent d'humoriste constitue le préalable nécessaire pour être capable de se laisser porter sur la vague et de continuer à avancer en dépit des obstacles et des difficultés.

« Il n'y a pas de mauvais public ; il n'y a que de mauvaises circonstances. »

C'est d'ailleurs dans cette nouvelle et nécessaire compréhension que P-A puise aujourd'hui ses forces lorsqu'il se retrouve dans une situation inconfortable, qu'il s'agisse d'une blague huée à l'unanimité ou de tout autre faux pas du genre. À la question « Comment vais-je bien pouvoir me sortir de ça ? », il ne lui reste plus qu'une seule chose à faire : rebondir le plus rapidement possible sur ses deux pieds.

Nul doute qu'il tient aujourd'hui cette grande faculté de rebond de son expérience personnelle. La confiance étant souvent très longue à bâtir et facilement altérable, il aura donc fallu plusieurs années à P-A pour vraiment croire en son talent et avoir la conviction qu'il mérite sa place en humour.

LA **CÉLÉBRITÉ** SELON P-A : « EN CAMPING, ÇA ME SERT PAS PLUS »

Qu'est-ce que la popularité a changé dans la vie de P-A ? Il admet devoir se faire plus discret dans sa vie personnelle, car les gens le reconnaissent maintenant dans les magasins, sur la rue et en vacances.

Effectivement, en raison des responsabilités nouvelles qui ponctuent dorénavant son quotidien, l'humoriste a le sentiment parfois oppressant de devoir calculer, ou plutôt modérer ses propos, conscient de l'image qu'il

« En camping, ça me sert pas plus. » projette et de l'importante tribune qui y est associée. Il avoue avoir du mal à réaliser qu'il y a des gens qui se sentent de la même façon qu'il se sentait lui-même, plus jeune, lorsqu'il voyait les grands de l'humour sur scène ou dans la rue. C'est certainement une prise de conscience qui n'est pas aisée à entreprendre, surtout lorsqu'on s'appelle P-A Méthot et qu'on a douté de soi toute sa vie. En effet, les choses ont tellement déboulé à la vitesse de la lumière que P-A n'a pas eu le temps de se rendre compte de l'ampleur de ce qu'il vit actuellement.

Reste qu'en dehors de ces aspects plus matériels, rien n'a réellement changé. Il ne se sent pas différent des gens qu'il croise dans la rue. « En camping, ça me sert pas plus. »

VIVRE AVEC UN
SURPLUS DE POIDS

Avec un *one man show* intitulé *Plus gros que nature*, il est difficile de croire que l'humoriste ne fasse pas référence à son poids. Mis à part une ligne qui aborde cette problématique dans tout le spectacle, c'est bel et bien le cas. Pourtant, les journalistes ne cessent d'évoquer le sujet en entrevue et de nombreux admirateurs et passants l'abordent avec des formules du type « Hey, le gros ! » Quand on est humoriste et qu'on a vécu toute sa vie avec un surpoids, comment gère-t-on cet aspect de son physique à l'âge adulte ?

Pour P-A, cela a toujours été une question de perception. « Soit on s'accepte tel que l'on est et on est heureux, soit on s'apitoie sur son sort et on vit malheureux. »

C'est en vieillissant que l'humoriste a réellement appris à accepter son obésité. Il y voit même certains aspects positifs. Par exemple, c'est grâce à son apparence physique qu'il a pu développer sa faculté d'autodérision (lire Sa faculté d'autodérision, en page 54). «Ça m'a obligé à rire de moi.» Il lui fallait non seulement être capable de rire de lui-même, mais le faire de façon sincère. Même que son premier numéro d'humour, intitulé *J'étais gros*, mettait l'accent sur son poids! C'était en plein Festival de sciences et génie.

Aussi, il admet avoir dû travailler son sens de la répartie et apprendre à ne pas se laisser marcher sur les pieds. De plus, il s'est toujours intéressé aux gens et à ce qu'ils avaient à raconter. Cette qualité l'a sauvé, si l'on veut, à l'époque où ses amis commençaient à fréquenter les filles. Sa personnalité attachante et charmante lui a vraiment rendu service. Au sein de son groupe d'amis par exemple, il est même devenu, selon ses dires, *le plus sexy*.

Toutefois, P-A admet que de vivre avec un surplus de poids n'est pas toujours une partie de plaisir. Son entourage a souvent tendance à s'inquiéter pour sa santé. Au niveau professionnel, il s'est même vu refuser certains contrats prévus à long terme, de peur que sa santé précaire ne lui permette pas de les honorer. À cela, il faut évidemment ajouter l'intimidation abusive dont il a été victime durant sa jeunesse.

Heureusement, le fait qu'il parle très ouvertement de son poids et qu'il accepte cet aspect de lui-même contribue à banaliser son embonpoint. À le dédramatiser et à le rendre plus acceptable, aussi. Cela lui attire un certain capital de sympathie et il en est bien conscient.

Affiche promotionnelle pour *Plus gros que nature* pendant la tournée du spectacle de Peter MacLeod *Sagesse reportée* sur lequel P-A assurait la première partie

L'ÉVOLUTION DE SA CARRIÈRE

« PAPA, MAMAN, JE ME LANCE EN HUMOUR »

C'est à 23 ans que P-A a osé franchir le pas de l'affirmation de soi et qu'il s'est senti prêt à faire face aux réactions de ceux qui l'avaient mis au monde et qui avaient entretenu jusque-là de grands idéaux pour leur fils bien-aimé. «Ils n'ont pas trouvé ça drôle», se souvient l'humoriste. P-A est conscient d'avoir dû faire face la plupart du temps à de nombreux préjugés et découragements de leur part. Chemin faisant, au fur et à mesure qu'il en parlait autour de lui, les gens ont peu à peu compris l'ampleur du sérieux qui se dégageait de sa démarche et de son choix de carrière. Ils ont décidé de lui faire confiance et lui ont accordé tout le soutien et l'amour qu'ils étaient en mesure de lui offrir. Avec le recul et plus de 200 000 billets vendus pour son premier spectacle solo, ils voient bien qu'ils ont

> « Ils n'ont pas trouvé ça drôle. »

eu raison de croire en lui malgré les embûches qui ont ponctué son parcours.

ET SA **CARRIÈRE D'HUMORISTE** FUT – PARTIE 1

Au milieu des années 1990, en 1996 plus précisément, P-A a eu l'idée de s'inscrire au concours d'humour du Festival de sciences et génie, organisé par les étudiants de l'Université Laval.

Plutôt que d'être sur scène avec d'autres gens, comme il avait l'habitude de le faire en improvisation et au théâtre, P-A s'est lancé le défi personnel de présenter un numéro d'humour, cette fois-ci en faisant cavalier seul. Les nombreux critères exigés pour le fameux concours, tels l'originalité du sujet, la présence scénique et le ton de la voix, n'ont pas suffi à rebuter le jeune aspirant-humoriste. Il a même dû écrire son texte afin de le remettre au jury composé de quatre personnes. Tout un exercice pour l'improvisateur qu'il était déjà à l'époque.

Même s'il n'a pas été retenu parmi les finalistes, ce concours constitua le premier des nombreux chaînons ayant constitué sa lancée en humour. En effet, ce soir-là, l'animateur de radio Mario Grenier, également membre du jury, est venu le voir en lui faisant une confidence qui allait changer le cours de sa vie : « Tu as quelque chose de spécial, toi. J'aimerais ça que t'avances. » Grenier lui proposa alors de peaufiner son numéro, puis d'aller le présenter sur la scène du bar Dagobert à l'occasion du prochain *Lundi Juste pour rire à Québec*. P-A n'allait certainement pas refuser une telle occasion de montrer de quoi il était capable !

ET SA **CARRIÈRE D'HUMORISTE** FUT – PARTIE 2

Ce soir de novembre 1996, c'était Marc Dupré qui était la vedette principale de la soirée au Dagobert. Cette soirée et la suivante furent décisives pour la carrière de P-A Méthot, âgé de 23 ans à l'époque.

Ces deux présences au Dagobert ont été pour ainsi dire le point de départ d'une série de prestations de P-A Méthot qui allaient attirer des centaines de spectateurs de la Vieille Capitale. Surpris de constater les vives réactions et les critiques positives du public, qui en redemandait chaque fois, il songea sérieusement, et pour la première fois, à faire de l'humour son gagne-pain principal. «Ah, si je pouvais faire ça tout le temps... C'est ça que je veux faire dans la vie.»

P-A a par la suite enchaîné nombre de spectacles dans les soirées d'humour présentées au Dagobert aux côtés des grands d'aujourd'hui qui commençaient également leur carrière, tels que Patrick Groulx, Louis-Josée Houde et compagnie. À l'époque, la formule standard de ces soirées se résumait à deux premières parties de 15 minutes chacune, ainsi qu'un *headline* [tête d'affiche] de 45 minutes. P-A, n'ayant en aucun cas échappé à la nécessité de faire ses preuves comme tout le monde, s'est longtemps limité aux premières parties, jusqu'au jour où Martin Deshaies lui offrit l'occasion inespérée d'un *headline* dans un bar de Gatineau. Ce dernier s'occupait à l'époque de la carrière des humoristes Stéphane Fallu et Pascal Babin, notamment.

LA **TAPE DANS LE DOS**
DE MARTIN DESHAIES

Il serait malvenu de mentionner la percée de P-A en humour sans parler, au début des années 2000, de la contribution importante de Martin Deshaies.

Premier à lui offrir un *headliner*, Deshaies était un ami de P-A, mais aussi un excellent conseiller bien implanté dans l'industrie de l'humour. C'était une avancée peu négligeable pour le jeune humoriste qu'était P-A à la même époque où les grands de l'humour commençaient eux aussi à se tailler une place intéressante dans l'industrie. Il faut dire que c'était deux ans avant l'arrivée de Steeve Godbout dans le paysage professionnel du natif de Chandler.

Martin Deshaies continue à gérer la carrière de Fallu avec doigté et succès, mais également celles de Philippe Laprise et de Pierre-Luc Pomerleau, pour n'en nommer que quelques-uns.

PREMIÈRE **PRÉSENCE À LA TÉLÉ**
– MERCI À FRANÇOIS LÉVEILLÉ

P-A sait exprimer sa reconnaissance à tous les gens qui lui ont été d'une aide plus ou moins importante dans son long parcours professionnel, parsemé d'embûches de toutes sortes.

Une des personnes qui a sans contredit joué un grand rôle dans sa carrière d'humoriste est François Léveillée. Ce dernier fut la première personne à lui avoir offert l'occasion de se produire à la télé au *Grand Rire de Québec*, en 2003.

Chaque fois qu'il en a l'occasion, P-A le souligne avec émotion. Ce fut d'ailleurs le cas le 11 juin 2015, alors qu'il anima son premier gala à l'occasion du *ComedieHa! Fest-Québec*[6] (lire P-A à l'honneur à la 16e édition du *ComediHa!*, en page 115).

LE « FAMEUX » SPECTACLE
DU **CLUB DE DARDS**

Aréna de Saint-Agapit, 2003

Chaque année, un tournoi de dards et de billard pour professionnels était organisé à l'aréna de Saint-Agapit, dans Lotbinière. Tous les finalistes des tournois provinciaux y étaient. Steeve Godbout, n'ayant pas encore accepté la gérance de P-A à l'époque et agissant depuis 2002 comme *booker* exclusif de ses engagements corporatifs, levées de fonds et festivals, avait réussi à lui décrocher un contrat pour cet événement unique en son genre. Il était même convenu que l'humoriste toucherait un cachet de 1 000 $ pour une prestation de 60 minutes. Il s'agissait à l'époque du cachet le plus élevé qu'on lui avait offert jusque-là. Une belle soirée s'annonçait donc pour l'humoriste.

Quel était le déroulement de la soirée ? Sa présence sur scène était prévue pour 17 h 30 dans l'optique d'offrir aux participants du tournoi une transition en douceur entre la compétition et le souper. Or, à partir de 16 h, tout le monde, hormis les finalistes, bénéficiait d'un accès illimité au bar. Jusque-là, tout allait bien. Mais

---

6. Anciennement le *Grand Rire de Québec*.

le temps passa. Il était rendu 21 h et P-A n'avait toujours pas mis les pieds sur scène. On le rassura en lui mentionnant qu'il pourrait commencer son spectacle après le dessert. Pendant ce temps, Guy Cardinal, chanteur de *blues* de talent, était monté sur scène. Loin d'être réceptif, le public, de plus en plus éméché, se mit plutôt à crier au musicien des bêtises et autres âneries... Puis, arriva le tour de P-A. À la seconde où il se présenta sur scène, il fut à son tour bombardé de commentaires disgracieux et vulgaires. Il garda son sang-froid et essaya tout de même d'enchaîner ses numéros, tant bien que mal. Il sortit sa guitare, dans le but de faire diversion. C'est alors que les spectateurs se sont mis à lui lancer des dards dont le bout piquant avait été dévissé. «Eux le savaient... Pas moi!» de dire P-A. Alarmé et conscient qu'il se trouvait devant des professionnels du dard, l'humoriste craignait maintenant pour sa sécurité. Après tout, il aurait suffi qu'un seul d'entre eux lui lance un dard «incluant le bout piquant» pour qu'un drame se produise! Puis, sans que personne ne s'en rende compte, un homme ivre s'immisça derrière la scène et s'empara d'un micro relié au même haut-parleur que celui qui diffusait la voix de P-A. «*Boring*! *Boring*! On va te faire la peau!» entendait-on subtilement. Après près de 20 minutes de supplice, c'en était assez pour l'humoriste: il abdiqua et lança à son public: «Vous ne me méritez pas!» Il quitta alors la salle en s'excusant auprès de l'organisateur pour la tournure qu'avait prise la soirée.

Point positif de cette histoire: P-A est reparti avec son chèque en poche. Et, heureusement pour lui – et pour nous –, cet épisode n'a pas suffi à le décourager de l'humour... Il était loin d'avoir livré son dernier numéro!

ANECDOTES DE SCÈNE

Il est de ces anecdotes qu'il vaudrait parfois mieux garder pour soi, tandis que d'autres méritent amplement qu'on leur accorde quelques minutes d'attention. En voici deux plutôt savoureuses :

* Le 23 juin 2007, à l'occasion d'une prestation en direct à une soirée du *Grand Rire de Québec* organisée à l'occasion des célébrations de la Fête nationale à Québec, un skinhead a menacé P-A de lui ouvrir le crâne avec sa canette de bière... et ça semblait loin d'être une blague ! Pour la énième fois, P-A a craint pour sa sécurité, malgré le caractère loufoque de la menace.

* Alors qu'il se trouve sur scène dans un bar de la municipalité de Sayabec, en Matapédia, P-A remarque au fond de la salle un mangeur de bocks de bière. Oui, de bocks en verre. Il mange les verres, vous avez bien compris. Il les engloutit même l'un après l'autre sous les yeux mi-horrifiés, mi-amusés de l'humoriste, qui se demande avec effroi s'il a affaire à un personnage sorti tout droit d'un film de science-fiction...

AVENIR-MÉGANTIC,
L'ÉVÉNEMENT QUI L'A PROPULSÉ

La prestation de huit minutes que P-A a offerte au public à l'occasion de l'événement Avenir Lac-Mégantic, le 13 août 2013, est venue placer la brique qui manquait dans la carrière de l'humoriste. Bien qu'il avait jusque-là participé à de nombreux galas, qu'on

P-A avec la mairesse Colette Roy Laroche, en coulisses après le spectacle bénéfice Avenir Lac-Mégantic au Centre Bell, le 13 août 2013

l'invitait souvent à la télévision et qu'il se produisait fréquemment sur scène, sa participation à cet événement d'envergure a confirmé que l'humoriste P-A Méthot avait sa place dans le cœur des Québécois. C'est bien peu dire, car près de deux millions de téléspectateurs avaient vu son numéro et, 24 heures après la diffusion télé, 10 000 billets de son premier spectacle solo *Plus gros que nature* avaient été vendus.

Cet événement avait eu l'effet d'une tape dans le dos bien sentie et sincère : « J'allais là pour rendre service et on m'a rendu la pareille », se remémore-t-il en songeant également à l'incroyable ovation debout à laquelle il a eu droit. À partir de ce jour-là, P-A n'était plus anonyme. Dans les rues, les gens le reconnaissaient et le saluaient.

« J'allais là pour rendre service et on m'a rendu la pareille. »

GALA **ACCROCHE-CŒUR**

Bien que des supplémentaires pour la tournée de *Plus gros que nature* soient prévues jusqu'en 2017, P-A trouve tout de même le temps, chaque année, de prendre part à quelques événements qui lui tiennent à cœur.

Ce fut le cas avec la 13ᵉ édition du Gala Accroche-Cœur, un spectacle d'humour bénéfice organisé par la Fondation Québec Jeunes, le 21 avril 2015 au Capitole de Québec. Le gala, parrainé par le maire de Québec, Régis Labeaume, proposait nul autre que Jean-Michel Anctil et Pierre-Yves Lord à l'animation. En guise d'appui symbolique pour la cause de la persévérance scolaire, P-A a présenté sur scène 15 minutes de matériel inédit aux côtés d'autres humoristes, tels que Rachid Badouri, Maxim Martin, Olivier Martineau, Simon Leblanc et Mariana Mazza, pour n'en citer que quelques-uns.

RÉSIDENCE AU **VIEUX CLOCHER** DE MAGOG

Chaque été depuis 2013, P-A s'installe comme humoriste-résident au Vieux Clocher de Magog. Durant ces quelques semaines loin des grands centres, il en profite pour se reposer tout en appréciant la beauté environnante de cette ville de l'Estrie.

LA **CLAQUE DANS FACE**
DE PETER MACLEOD

Sans l'aide de Peter MacLeod, P-A admet qu'il aurait éprouvé la plus grande difficulté du monde à retourner sur scène après le décès de son père.

UN RECORD AU **THÉÂTRE SAINT-DENIS**

Croyez-vous qu'il soit possible de se produire à la même adresse six fois en trois jours?

Eh bien, P-A peut certainement se vanter d'avoir réalisé cet exploit. Mais comment diable est-ce possible? Simplement en assurant la première partie de Peter MacLeod au Saint-Denis 2 et, le même soir, l'ouverture de la deuxième partie de Jean-Michel Anctil au Saint-Denis 1. Et ce trois soirs d'affilée.

Un record pour un humoriste, sans le moindre doute!

Nous sommes à la salle Méchatigan de Sainte-Marie de Beauce, en mars 2012. À quelques secondes de son entrée sur scène pour assurer la première partie du *one man show* de Peter, P-A ne s'en sent pas la force. Complètement démuni, il doute d'être en mesure de monter sur scène. Peter, témoin du malaise de son ami et inquiet que sa première partie tombe à l'eau, s'approche de lui et, lui mettant une main bienveillante sur l'épaule, lui lance: «Hey le gros, tu penses à ton père? Moi aussi, j'ai perdu mon père. J'y pense avant chaque *show*! Dis-toi une affaire, poursuit-il. Ton père, tu vas toujours le sentir. Ferme tes yeux.» À la seconde précise où P-A s'exécute, une claque d'une force incroyable, de celles dont on se souvient longtemps, lui foudroie la joue. «Bon! T'es dedans, là? Va gagner ta vie, asteure», lui lance Peter avant de s'éloigner. Ce soir-là, enragé comme

> « Bon ! T'es dedans, là ? Va gagner ta vie, asteure. »

un tigre en cage, P-A a certainement offert à son public une prestation unique. «Il fallait que je vive cette rage-là, parce que, si je me laissais aller à ma peine, j'allais m'effondrer», poursuit-il.

En dépit de l'état de mal-être qui l'habitait sur scène ce soir-là, ce fut certainement un épisode marquant dans la carrière de P-A Méthot. En effet, cette prestation sur scène lui a redonné confiance en ses moyens, en son talent et en la flamme de vie qui l'habitait dorénavant, malgré et peu importe les circonstances. Merci Peter!

P-A MÉTHOT :
HUMORISTE-CONTEUR

«Moi, je suis un conteur de la vie.» Tel est le créneau de l'humoriste. D'ailleurs, il considère qu'il lui faudrait plutôt mettre le doigt sur le terme exact, celui-là qui décrirait avec justesse sa façon unique de raconter tout en faisant de l'humour. Or, faute de l'avoir trouvé, celui d'«humoriste-conteur» lui convient parfaitement.

En effet, «humoriste-conteur» illustre très bien cette juxtaposition des deux corps de métier à laquelle P-A aime bien être associé. En abordant des sujets plus ou moins banals de sa vie quotidienne, tels que sa passion nouvelle pour déjeuner avec sa fille, son sentiment d'exaspération envers les gens qui ont la fâcheuse tendance d'être toujours sur la défensive ou encore le décès de son père, ce sont ses émotions personnelles et son propre vécu qu'il partage avec le public. Bien entendu, ces anecdotes pourraient facilement être racontées telles quelles, sans la moindre dose d'humour.

UN HUMORISTE **INSTINCTIF**

Qu'est-ce que ça mange en hiver un humoriste « instinctif » ? Il faudrait certainement poser la question à P-A Méthot, celui-là dont le talent brut et la prestance naturelle n'ont d'égal que la qualité de ce qu'il nous livre dans *Plus gros que nature* et lors de ses autres présences sur scène. Il semblerait même que P-A n'ait pas besoin de travailler pour être bon, car « il est bon naturellement », d'affirmer son gérant Steeve Godbout, insistant sur son aisance à raconter ses numéros le plus professionnellement possible, peu importe le nombre d'heures investies dans sa préparation. C'est cette particularité qui fait de lui un humoriste « instinctif ».

Or, ayant le désir de faire du bien aux gens, l'humoriste admet que rien ne vaut la sensation d'avoir devant lui un public fatigué d'avoir ri, et dont la tête est complètement vidée des préoccupations quotidiennes à la fin du spectacle.

C'est donc en faisant l'humour à sa façon qu'il gagne son pari tous les soirs. C'est pour cela qu'il se considère extrêmement chanceux et privilégié de faire ce métier-là. Surtout de la façon dont il sait mieux le faire.

COMMENT
P-A FAIT-IL L'HUMOUR ?

Ayant travaillé avec de nombreux humoristes qui sont passés par l'École nationale de l'humour, P-A Méthot déclare n'avoir aucune technique particulière pour faire rire. Il considère simplement que son humour est différent.

Ainsi, on reconnaît l'humoriste non seulement à sa voix particulière, mais également à sa façon familière et singulière de raconter des histoires, celle d'un «vieux mononc' dans un party de Noël», celui-là même qui n'attend pas d'applaudissements de son public, pas plus qu'il n'a envie de se lancer dans une rétrospective de l'actualité ayant fait les grands titres durant l'année. C'est délibérément qu'il a fait le choix de faire de l'humour de cette façon, en faisant référence à son style raconteur plutôt qu'initiateur de débats de toutes sortes. Contrairement à d'autres humoristes dont il apprécie énormément le talent, P-A a préféré exploiter un créneau différent qui lui est propre. Sans renier le fait que l'École aurait sans doute été bénéfique pour sa carrière, il admet n'avoir jamais regretté son choix et son parcours différent de celui des autres. C'est ce choix délibéré, croit-il, qui lui a permis de rester fidèle à lui-même plutôt que de se plier à une ligne de pensée qui l'aurait peut-être dénaturé ou amené ailleurs d'où il souhaitait aller. D'ailleurs, il se rappelle des paroles de François Léveillée, qui vont dans le même sens que sa propre réflexion. «Ce qui est l'*fun* avec toi, c'est que ça paraît que tu es issu de la musique», lui a-t-il dit un jour. Il est vrai que, pour P-A Méthot, il n'y a pas de «règle de trois», ni de «rieur aveugle[7]» dans la création de ses numéros (lire Pourquoi ne pas avoir fait l'École nationale de l'humour?, en page 90). Il préfère de loin surprendre et déstabiliser son public avec des tournures particulières plutôt que de suivre un protocole bien établi. D'ailleurs, c'est sa marque de commerce, avouons-le!

---

7. La «règle de trois» et le «rieur aveugle» sont quelques-unes des techniques d'écriture enseignées aux étudiants de l'École nationale de l'humour.

Quand il crée ses numéros, P-A n'aime pas s'aventurer dans des zones où il se sent mal à l'aise. Rire des gens fait partie de celles-là. Il aime plutôt rire des situations. S'il rit de quelqu'un, c'est de lui-même. C'est un peu comme s'il offrait la possibilité à son public de rire de quelqu'un sans se sentir coupable. Ainsi, dans *Plus gros que nature*, il s'en tient à des sujets susceptibles de rejoindre le plus grand nombre, tels ses parents, la paternité, son poids, son adolescence et la mort de son père. À partir d'une idée, d'un événement ou d'une histoire, qu'il prend plaisir à transformer, il trouve l'élément de l'histoire qui fait qu'elle sort de l'ordinaire pour qu'elle devienne extraordinaire. Pas plus compliqué que ça, paraît-il. Cette faculté qu'il a de se construire des scénarios étoffés, incroyables et dépassant toute mesure, lui sert énormément lorsqu'il crée un gag. Ce processus-là, celui qui implique de dépasser les barrières de l'imaginable, constitue véritablement une force dans sa vie professionnelle.

En dehors de son *one man show*, qui a nécessité la mise en écriture de tous ses numéros (lire La «bible» de P-A : une écriture fastidieuse, mais nécessaire, en page 160), il n'est pas question pour l'humoriste d'écrire quoi que ce soit lorsqu'il se trouve en processus de création. Cela l'obligerait à apprendre ses numéros d'une façon bien précise, donc de s'en tenir à un canevas qui irait à l'encontre de sa créativité. P-A excelle donc dans l'art de raconter des numéros sans les écrire d'avance. Dans le pire des cas, il se débrouille très bien avec une feuille annotée de quelques grandes lignes. Mais, la plupart du temps, il enregistre plutôt son matériel dans sa tête, qu'il considère comme un giga casier. La mémoire étant une faculté qui oublie, il avoue tout de même qu'il lui arrive à l'occasion de s'envoyer à lui-même un texto contenant un élément de ce qui vient tout juste de lui passer par la tête, ou encore de l'enregistrer sur son dictaphone, pour être certain de ne pas l'oublier.

« J'ose croire que je commence à comprendre comment ça fonctionne, faire rire des gens. »

Pour P-A, rien de tel que de raconter des choses qui existent. C'est pourquoi il se base sur des anecdotes, des expériences ou des histoires abracadabrantes inspirées de son vécu ou de son quotidien, ou qui lui ont été racontées. Ses deux seules exigences : d'abord, il est essentiel qu'il se reconnaisse dans chacune des anecdotes qu'il livre, afin de susciter les émotions appropriées ; ensuite, tout ce qui se dit dans son spectacle doit être risible. Autrement, il tomberait dans une façon de raconter étrangère à celle de P-A Méthot. « J'ose croire que je commence à comprendre comment ça fonctionne, faire rire des gens », ajoute-t-il.

LES **POINTS TOURNANTS** DE SA CARRIÈRE

- 2002 – Fondation de PPSCANADA par Steeve Godbout ; P-A est le premier artiste à signer un contrat avec l'agence pour le *booking* exclusif de ses prestations ;
- 2003 – Début de la prise de médication qui contrôlera sa bipolarité ;
- 2003 – Première présence sur un gala TV du festival *Le Grand Rire de Québec* ;

- 2006 – Première présence au festival *Juste pour rire* de Montréal ;
- 2006 – Signature du contrat de gérance entre P-A Méthot et PPSCANADA ;
- 2007 – Récipiendaire du « Nez d'or – Révélation » du festival *Le Grand Rire de Québec* ;
- 2009 – Première présence sur un gala TV du festival *Juste pour rire* de Montréal (gala de Guy Nantel) ;
- 2011 – Discussion marquante avec Peter MacLeod (ce dernier s'engage à faire ce qu'il faut pour que le *one man show* de P-A Méthot voie le jour) ;
- 2011 – Signature du contrat de production entre P-A Méthot et le Groupe Entourage ;
- 2012 – Décès de son père, Raymond Méthot ;
- 2013 – Lancement de son premier *one man show, Plus gros que nature* ;
- 2013 – Événement Avenir Lac-Mégantic au Centre Bell de Montréal ;
- 2014 – Nomination pour un Félix au gala de l'ADISQ ;
- 2010, 2013, 2014 et 2015 – Nominations au Gala Les Olivier ;
- 2015 – Honoré à l'Assemblée nationale ;
- 2015 – Événement *P-Arty 80 – Back To The Coiffure* au Centre Bell de Montréal ;
- 2015 – Animateur du premier gala TV du *ComediHa! Fest-Québec* ;
- 2015 – Atteinte de la 300ième représentation de son *one man show, Plus gros que nature* ;
- 2015 – Atteinte des 200 000 billets vendus de son *one man show, Plus gros que nature.*

LES **PREMIÈRES PARTIES**
QUI ONT LANCÉ SA CARRIÈRE

Pour un humoriste, rien de tel que de figurer en première partie du spectacle d'un humoriste déjà bien établi. Pour P-A Méthot, cette occasion d'envergure s'est présentée deux fois plutôt qu'une, contribuant à le propulser là où il se trouve actuellement.

D'abord, la première partie du spectacle solo de Peter MacLeod, qu'il a assurée durant plus de deux ans, lui a été incroyablement bénéfique, dans le sens où il a pu y tester ses numéros. Par la suite, de 2011 à 2013, il a eu la chance d'assurer la première partie de la deuxième partie[8] du *one man show* de Jean-Michel Anctil. En côtoyant l'humoriste (Anctil) pour qui la vie de famille était une priorité, P-A a vraiment réalisé l'importance de concilier intelligemment sa vie professionnelle et sa vie familiale. Cette expérience fut donc une véritable prise de conscience. Pour la première fois, il comprit qu'il était possible d'être présent auprès de ses proches malgré les tournées de spectacles.

Au terme de ces expériences, comment P-A décrirait-il ce qu'il a vécu ? « Énervant », tel serait pour lui le terme le plus approprié pour décrire l'émotion reliée au fait de se produire sur scène en première partie d'un humoriste bien établi. Non seulement le public ne le connaissait pas à l'époque, mais les gens assis

---

8. Le spectacle solo *Tel Quel* de Jean-Michel Anctil se déroulait ainsi : le spectacle principal, divisé en deux parties par un entracte. P-A devait réchauffer la scène pour Anctil aussitôt l'entracte terminé.

dans la salle n'avaient pas choisi de le voir performer, ceux-ci étant venus voir la tête d'affiche de la soirée. Un gros défi, bien sûr, celui de réchauffer la salle pour l'humoriste principal.

P-ARTY 80 – BACK TO THE COIFFURE AU CENTRE BELL

Le 16 mai 2015, P-A Méthot conviait ses amis et son public au Centre Bell pour le *P-Arty 80 – Back To The Coiffure*. Alliant humour, prestations musicales et décor typique de la décennie *spray net*, le spectacle événementiel, initiative de l'humoriste lui-même, visait à célébrer dans une ambiance festive et éclatée ses accomplissements professionnels des dernières années, tout en soulignant sa grande reconnaissance envers son public qui n'a cessé de croître au fil des années.

L'humoriste en a profité pour inviter sur scène des amis de tous les horizons : Peter MacLeod, Dominic Paquet, François Massicotte, Mario Lirette, Jean-Claude Gélinas, Mario Tessier, Martine Saint-Clair, Les BB, Men Without Hats et The Box pour ne citer que ceux-ci. Décidément un spectacle où P-A, fort heureux de se trouver devant un public d'inconditionnels, a choisi de se faire plaisir. L'occasion était trop belle pour la laisser passer !

Le succès fut en effet foudroyant avec 7 000 billets vendus au prix des années 80 !

Un deuxième spectacle *P-Arty 80 – Back To The Coiffure* est présenté au Centre Vidéotron de Québec le 19 décembre 2015.

P-A À L'HONNEUR À LA 16e ÉDITION DU
COMEDIHA ! FEST-QUÉBEC

P-A animait le 11 juin 2015 le premier Gala *ComediHa ! Fest-Québec*. Pour l'occasion, il était accompagné sur scène par deux autres protégés de Steeve Godbout : le magicien Nicolas Gignac, dans un numéro musical impliquant P-A à la guitare électrique, et par l'athlète de force Hugo Girard, dans une parodie de *Cinquante nuances de Grey* rebaptisé *Cinquante nuances de gras*.

Pour démarrer en force ce festival d'humour, le Gaspésien a choisi de s'entourer de plusieurs autres artistes pour lesquels il éprouve une affection sincère. D'abord, il a tenu à remercier François Léveillée de lui avoir offert sa première chance à la télévision (lire Première présence à la télé – merci à François Léveillé, en page 100). Se sont aussi succédé sur scène de talentueux humoristes tels que Peter MacLoed, Mike Ward, Jean-Claude Gélinas, Guillaume Wagner, François Massicotte et Mélanie Ghanimé.

Pour la mise en scène générale de ce gala, les organisateurs ont fait appel à Jean Conen. Puis, les prestations spécifiques ont été pensées par Marc Gélinas, metteur en scène travaillant également sur le spectacle solo de P-A. Résultat? Une salle comble avec près de 1 800 spectateurs. Capté pour la télévision, le gala est diffusé à l'automne 2015 sur les ondes d'ICI Radio-Canada télé.

Malgré sa grande nervosité à jongler avec des éléments avec lesquels il n'est pas très habitué (gérer un panel d'invités et des figurants, notamment), P-A a livré sur la scène du Grand Théâtre de Québec une prestation incomparable et fort remarquée.

PROJETS POST
ONE MAN SHOW

Qu'en est-il des projets que P-A Méthot rêve d'entreprendre à l'issue de la tournée de son spectacle *Plus gros que nature*?

D'abord, il envisage sérieusement de partir six mois en voyage avec sa conjointe et sa fille. Professionnellement parlant, au terme de ses supplémentaires prévues jusqu'en 2017, il y a fort à parier qu'on finira par entendre la voix unique et particulière de l'humoriste sur les ondes FM du Québec, à titre de coanimateur d'une quelconque émission de radio. En effet, ayant eu la chance de s'adresser aux Québécois sur ce type de fréquences à quelques occasions au cours des dernières années, notamment en remplacement de Peter MacLeod et lors d'entrevues avec les Grandes Gueules notamment, le natif de Chandler avoue avoir pris goût à ce type de performance derrière les micros. Toutefois, il admet préférer la deuxième place plutôt que d'être animateur principal. Il semble en effet qu'il soit un excellent «second», ce rôle lui permettant de mettre de l'avant sa capacité à désamorcer les malaises et les situations délicates.

Toujours surprenant ce P-A!

© Stéphane Bergeron

Durant *Plus gros que nature*

Durant *Plus gros que nature*

UNE VIE
DE TOURNÉES

SON RITUEL
D'AVANT-SPECTACLE

À chaque artiste son rituel, entend-on dans l'industrie. Certains sont farfelus, d'autres touchants. Le rituel de P-A Méthot, lui, est à son image : fascinant.

D'abord, pas question de manger quoi que ce soit avant de monter sur scène ; son estomac doit être vide et ce n'est pas négociable. Pour quelle raison, donc ? Dans le simple but d'éviter les crampes abdominales en cas d'indigestion, se plaît-il à dire. Aussi, la salle de toilettes est un passage obligé 15 minutes avant d'entrer sur scène. Pour lui, toute cette prévoyance est de mise afin d'éviter le pire. Puis, près de 10 minutes avant son entrée sur scène, il revêt son habit de spectacle.

Mais qu'en est-il des cinq dernières minutes, celles où le trac est à son comble dans les coulisses ? P-A réunit dans la loge son équipe de tournée autour de lui, leur fait un signe de main et leur lance un «Je me *fist*[9] sur toi!» bien senti, une façon bien à lui de leur témoigner sa confiance. À partir de là, pas question de se défiler; le public l'attend de pied ferme. L'humoriste se dirige seul vers la scène. Il procède à la prière rituelle adressée à son défunt père et embrasse le jonc de ce dernier, celui-là qu'il porte toujours au petit doigt. Il poursuit alors avec un signe de croix et trois claquements de mains. Et ça y est, le voilà sur scène pour plus de deux heures trente.

Une fois son spectacle livré, P-A est complètement vidé. Il s'offre un bon repas régénérateur avant d'aller au lit. Il peut bien se le permettre, lui qui perd en moyenne plus de deux kilogrammes (5 lb) par spectacle.

DES **SORTIES PUBLIQUES** PAS REPOSANTES

Certains humoristes manient à merveille l'art de prendre congé avec douceur, respect et élégance, des sollicitations de toutes sortes de la part de leurs admirateurs. P-A, lui, en est incapable. C'est contre nature. Malgré tout, il existe certains moments où P-A aimerait posséder cette force qu'est celle de terminer une conversation au moment opportun, sans brusquer qui que ce soit, par simple souci de respect de sa vie privée ou de ses vacances bien méritées.

---

9. *Fist* est un mot anglais signifiant «poing». Ici, l'humoriste utilise un jeu de mot signifiant «Je me fie sur toi.» En remplaçant le mot «fie» par *fist*, cela donne un effet qu'il aime bien.

Heureusement, l'humoriste a développé certains réflexes lui permettant de prendre du recul face à toutes ces sollicitations dont il fait l'objet. Un de ceux-ci consiste à s'adresser aux gens à la façon « P-A Méthot, humoriste » plutôt qu'à la façon Paul-André Méthot, « l'homme qui jase avec tout le monde dans la rue ». Depuis, ses escapades dans les lieux publics sont beaucoup moins énergivores, ce qui n'est pas pour déplaire à l'humoriste.

Conférence de presse du festival *Le Grand Rire de Québec* (maintenant *ComediHa! Fest-Québec*)

SES **ADMIRATEURS** ET INCONDITIONNELS

Nous lui avons posé la question que tout le monde se pose. Au sein de la population générale, existe-t-il des groupies de P-A Méthot? Et quelle fut sa réponse?: « Oui » bien sûr. Certains inconditionnels du Gaspésien vont même jusqu'à se présenter les soirs de spectacles avec un chandail arborant son portrait imprimé. P-A admet d'ailleurs ne pas bien saisir l'importance que P-A Méthot, humoriste, peut prendre dans la vie de certaines personnes. Une chose est certaine, ça le touche droit au cœur. Dans la rue, certaines personnes vont jusqu'à lui crier leur amour.

« La récompense au talent, c'est l'*fun*. Mais la récompense au talent et à l'effort, c'est encore plus l'*fun*. »

Néanmoins, P-A ne s'en cache pas, l'attitude de ses admirateurs à son égard a beaucoup évolué depuis les débuts de son *one man show*. Grâce à un travail d'introspection, il a compris que cela s'expliquait par le fait qu'il avait lui-même modifié plusieurs facettes de sa personnalité avec le temps. Ainsi, cette réflexion lui a permis de voir où il se situe dorénavant, de prendre conscience de la manière dont il faisait les choses autrefois et de comparer les outils qu'il utilisait à l'époque et ceux qu'il utilise maintenant.

P-A peut recevoir plus de 200 messages personnels sur ses comptes Twitter et Facebook, entre minuit et 2 h du matin après un soir de spectacle. La plupart le remercient pour la belle soirée qu'il leur a fait passer. « La récompense au talent, c'est l'*fun*. Mais la récompense au talent et à l'effort, c'est encore plus l'*fun*. »

ZOÉ ET VÉRONIQUE,
LES PRUNELLES DE SES YEUX

Une invitation par ci par là, des obligations professionnelles quotidiennes, des soupers au restaurant qui se terminent au petit matin, alouette... Rien d'étonnant qu'il soit parfois difficile pour l'humoriste de conjuguer sa carrière d'humoriste avec sa vie familiale.

Fiancé et père d'une fillette de 4 ans, il admet même devoir se conditionner à respecter ses limites et s'imposer du temps hors de toutes ces mondanités pour le consacrer aux deux femmes de sa vie, ce qu'il n'aurait jamais imaginé possible des années auparavant alors que sa vie ressemblait plus à une longue suite de soirées arrosées dans les bars. De plus, dès l'instant où sa conjointe est tombée enceinte, toutes les décisions que P-A allait dorénavant prendre le seraient dans le but de privilégier le bien-être de leur fille Zoé. C'était bien plus qu'un engagement, c'était un serment, une véritable promesse. Désormais, aussitôt qu'il a la chance de les amener avec lui voir son spectacle, peu importe la ville, il s'empresse de le faire. Sa fille, c'est la prunelle de ses yeux. Sa conjointe Véro, quant à elle, est son amoureuse, sa meilleure *chum*, sa partenaire de vie et sa muse ! Depuis la naissance de leur fille, l'humoriste s'est découvert de nouveaux comportements et des sentiments qu'il n'avait jamais éprouvés jusqu'alors. L'amour inconditionnel, c'est elle qui le lui a fait découvrir.

D'ailleurs, saviez-vous que sa fille Zoé a vu le jour le 1er août 2011, soit 10 jours précisément avant la signature de son contrat de production avec le Groupe Entourage ? Quelle heureuse circonstance...

APRÈS LE SPECTACLE,
DIRECTION MAISON

Contrairement à certains artistes et humoristes pour qui le contact avec le public après leurs performances est crucial, P-A choisit désormais délibérément de ne pas s'éterniser sur scène, pas plus qu'en coulisse, aussitôt le rideau rouge refermé. Serait-ce pour se retrouver le plus vite possible auprès de sa fille et de sa conjointe ? Par souci de laisser retomber l'adrénaline dans la quiétude de la solitude ? Sans doute un peu des deux, mais la vraie raison est plus inusitée encore. Il s'agit pour lui d'une façon légitime d'éviter d'attraper tout virus qui pourrait le rendre malade, donc qui pourrait l'empêcher de présenter son spectacle. Détrompez-vous si vous croyez que cette crainte n'est pas fondée. En effet, nombreuses sont les fois où l'humoriste s'est réveillé avec un orgelet ou un vilain rhume le lendemain d'une séance d'autographes ou de poignées de mains en fin de spectacle. Depuis, il évite de se retrouver dans tout type de situation où son système immunitaire serait tenté de le remettre à l'ordre.

Prévoyant, vous dites ?

DES **AMITIÉS SÉRIEUSES**
AVEC DES HUMORISTES

Homme de cœur et amoureux du genre humain, P-A entretient de solides et authentiques relations avec de nombreux humoristes d'ici.

Guy Nantel et Patrick Groulx en font partie, de même que Jean-Michel Anctil. Très bons amis, Jean-Michel et P-A se sont rencontrés pour la première fois à l'occasion du *Grand Rire de Québec*, en 2007. Une amitié de longue date donc.

Par ailleurs, P-A a eu la chance d'assister à la première prestation sur scène à vie de Mike Ward. C'était au Dagobert, quelque part dans les années 90. La prestation de Mike, de 10 minuscules minutes, eut l'effet d'une bombe dans l'auditoire. «Les gens braillaient,

P-A entouré de Mike Ward et de Marc Dupré en coulisses du spectacle Avenir Lac-Mégantic

criaient, hurlaient», se souvient P-A. Il se considère d'ailleurs très privilégié d'avoir pu vivre avec son ami ce moment sublime, qui fut sans contredit un moment marquant de la carrière de Ward.

SON ÉQUIPE DE **TOURNÉE**

Malgré qu'il soit seul sur scène, P-A Méthot est bien entouré lors de ses prestations de *Plus gros que nature*. Son équipe technique est composée de Jonathan Dupuis, éclairagiste, et Pierre Perreault, opérateur de son et directeur de tournée. La rencontre de ces hommes n'est pas due au hasard. C'est au moment où il faisait la première partie de la tournée de Peter MacLeod que P-A a fait leur connaissance. Pierre, pour sa part, accompagnait déjà MacLeod depuis plus de quinze ans, tandis que Jonathan s'est greffé à l'équipe plus tardivement.

«PPP», pour «Pierre Perreault Proof», expression que P-A utilise amicalement pour signaler à son équipe que

« J'ai une bonne équipe, ils sont pros. » tout est sous contrôle, en dit long sur la belle relation de complémentarité que les deux collègues et amis de longue date ont su entretenir au fil des années. En effet, Pierre est reconnu non seulement pour son talent, mais également pour sa grande rigueur professionnelle et son souci du détail incommensurable. Rien d'étonnant à ce que cela plaise à P-A, lui qui avoue franchement avoir besoin d'être « materné » et rassuré. Avec Pierre, nul besoin de s'inquiéter, tout ira comme sur des roulettes : moniteurs, emplacement du décor, etc. Il lui incombe également d'être au fait de tous les déplacements et engagements de P-A lors des jours de tournée.

Jonathan, deuxième personnage important dans la bonne marche du spectacle solo de l'humoriste, apporte une certaine fraîcheur et une légèreté nécessaire au trio. Dans les cas où les salles ne possèdent pas l'espace nécessaire pour son installation sur scène, c'est ce magicien incontestable de l'éclairage qui mène le bal. Il s'assure alors de créer des jeux de lumière époustouflants, faute du décor rappelant la Gaspésie natale de l'humoriste.

Finalement, son équipe de tournée, c'est véritablement sa deuxième famille. Lorsqu'on sait qu'ils travaillent sur plus de 150 spectacles par année, on se rend compte rapidement que P-A passe plus de temps avec eux qu'avec sa propre famille. C'est pourquoi il était extrêmement important pour lui, lors du choix des deux acolytes, de s'assurer du talent et de l'expertise des personnes à embaucher. S'étant entouré des meilleures personnes, P-A est fier de son équipe. « J'ai une bonne équipe, ils sont pros. »

LES SALLES DE SPECTACLE, LÀ OU DES LIENS SE CRÉENT

Avec sa vie de tournée, P-A a l'occasion de côtoyer chaque soir de nombreux acteurs de l'ombre de l'industrie du spectacle. Parmi ceux-ci, les techniciens de salles de spectacles et les techniciens de plateaux de télévision. Ce sont eux qui s'assurent que la salle de même que le plateau de tournage sont prêts à l'accueillir et que tout roule comme sur des roulettes.

De par le lien de proximité qui unit P-A à ces gens, il se développe une profonde affection, de belles amitiés. Sans eux, les spectacles de l'humoriste ne pourraient exister. C'est pourquoi il tient à ce que tous ces gens fassent partie son succès. Pour ce faire, il ne se passe pas un soir sans qu'il ne remercie personnellement toutes ces personnes dévouées qui contribuent à sa carrière d'humoriste.

P-A MÉTHOT ET PETER MACLEOD : UNE RELATION FRATERNELLE

Le lien entre P-A et Peter MacLeod est quasi de l'ordre d'une relation entre frères de sang, une relation que les conflits et les chamailles ne parviennent jamais à entacher ou à briser en raison du fort lien qui les unit.

La première rencontre de P-A et Peter remonte à l'année 2005 durant le *Festivent* de Lévis au cours duquel P-A présentait la première partie du spectacle de Peter. Puis, de fil en aiguille et grâce à la ténacité de son gérant Steeve, P-A se retrouvera «comme par un heureux hasard» souvent sur scène aux mêmes évènements corporatifs et festivals que Peter, ce qui permettra à ce

Peter MacLeod remettant à P-A la plaque soulignant sa
300ᵉ représentation de *Plus gros que nature*

dernier de découvrir le talent unique de P-A et provo-
quera certaines rencontres qui amenèrent P-A à assurer
durant près de deux ans et demi les premières parties du
spectacle solo *Sagesse reportée* de l'humoriste originaire
de la Beauce. À cette époque, les deux mandats de P-A
se résumaient à ceci : assurer la première partie et...
s'occuper des chiens de Peter! Un peu comme s'il s'agissait d'un échange de services, Peter héberge alors P-A
chez lui. En effet, les deux comparses ont cohabité au
domicile de Peter durant toute la tournée. P-A y avait
même sa chambre, « la chambre de P-A », qui subsiste
encore aujourd'hui dans la demeure. Grand passionné de
nature et des bois, Peter en a profité pour entraîner son
ami dans son sillage, parfois à son grand dam : tirs au
centre de tir, tournée des magasins de chasse et pêche
à la grandeur du Québec, séjours en pourvoiries, etc.
Bref, tout pour sortir P-A de sa zone de confort.

P-A considère-t-il Peter comme un mentor ? Un peu, mais pas tant que ça. « C'est celui qui m'a fait passer la barre, mais qui ne me l'a pas donnée facile », confie l'humoriste. Malgré tout, il éprouve un amour incommensurable pour cette bête sauvage, qui lui en a fait voir de toutes les couleurs. Un être fiable, digne de confiance et prot ecteur également. Chaque fois qu'il a eu besoin de lui, Peter y était. De plus, malgré leurs différences, dans leur interaction avec le public notamment, les deux humoristes se ressemblent beaucoup. Tous deux natifs de petits villages, ils proposent un discours « rock n'roll » tranchant, mais touchant quand il le faut.

UN FORT SENTIMENT DE
PROTECTION SUR SCÈNE

Après plus de 3 500 représentations sur différentes scènes de la province, il est encore très difficile pour l'humoriste d'expliquer ce sentiment si imposant de protection qui s'empare de lui dès qu'il pose les pieds sur les planches d'une scène. Peu importe qu'il fasse rire son public, qu'il lui fasse verser quelques larmes ou qu'il le fasse danser, P-A éprouve immanquablement un état de bien-être s'apparentant à un sentiment de sécurité. « Sur scène, je me sens plus gros que nature. »

Qualifiant l'exercice de performer sur scène comme étant une façon de se mettre en danger pour la plupart des artistes de la scène, il admet pour sa part ne pas le ressentir de cette façon. Par exemple, avant chaque représentation de *Plus gros que nature* ou de toute autre apparition publique, l'état d'esprit dans lequel il se trouve alors qu'il est dans sa loge est exactement le même qu'au moment de saluer son public. Il ne vit pas de trac, ni de stress. Il ne se reconnaît pas dans la manière habituelle d'aborder l'anxiété reliée aux performances. Ce sentiment de protection, il l'éprouvait même à ses débuts sur scène (lire L'improvisation et le théâtre, ses premières amours de scène, en page 30). Peut-être est-ce lié au fait qu'il sait exactement où sont situées les sorties d'urgence? Ou peut-être est-ce dû au sentiment de contrôle qui s'empare de lui, en opposition au fait de se trouver en plein milieu d'une foule, où il se sent extrêmement vulnérable? D'ailleurs, en tant qu'humoriste, P-A Méthot se donne-t-il le droit d'être vulnérable sur scène? Oui, surtout lorsqu'il vit des situations qui comportent un grand potentiel d'émotivité. Par exemple, alors qu'il présentait un spectacle le soir du troisième anniversaire du décès de son père, de fortes émotions l'ont envahi et il a éclaté en sanglots sur scène. Ainsi, en offrant à son public ce qu'il y a de plus brut et de plus authentique en lui, il n'a pas l'impression de se mettre en danger. C'est pourquoi, peu importe la scène sur laquelle il se trouve, il considère son public comme un chum. Pas étonnant qu'il le baptise différemment selon l'endroit où il se produit «Toi, Montréal», «Toi, Magog», «Toi, Québec», et ainsi de suite.

En somme, c'est réellement sur scène que P-A se sent le plus à son aise. Ayant expérimenté la télé et la radio, il est en mesure de bien saisir la différence de sensations que procure chacun de ces médias. Il se considère extrêmement chanceux de se sentir aussi à l'aise en tous lieux et à tout moment où les

Durant *Plus gros que nature*

« Sur scène, je me sens plus gros que nature. » projecteurs se braquent sur lui. Alors, que répond-il à la question « Y a-t-il des jours où ça tente moins à P-A Méthot d'être sur scène » ? D'emblée, il nous apprend que cette sensation fait malheureusement partie du métier... mais que ça ne dure jamais très longtemps. Après une dizaine de secondes sur scène, la flamme se rallume. Voilà qui est plus rassurant !

LA SCÈNE, UNE THÉRAPIE
ET SON **COMBAT PERPÉTUEL**

Un soir de spectacle où les spectateurs n'applaudissent presque pas, voire pas du tout... Un drame pour P-A ? Loin de là. Au contraire, il affirme que ce sont, bien souvent, ces soirées qu'il préfère le plus.

En réussissant à faire rire les gens du début à la fin, l'humoriste a la certitude d'avoir même pu leur faire oublier qu'ils étaient venus voir un artiste sur scène. Contrairement à la majorité des humoristes et à moult artistes de tous genres, P-A n'a jamais mesuré le succès d'un numéro ou d'un spectacle en fonction du nombre d'applaudissements reçus. Si ça ne claque pas des mains une seule fois dans son spectacle, il admet être l'homme le plus heureux du monde. Même qu'il ne donne pas beaucoup l'occasion à son public d'applaudir. Il enchaîne anecdote sur anecdote afin de garder son public le plus attentif possible. Il mise également beaucoup sur les silences dans son spectacle, silences qu'il décrit comme « payants » plutôt qu'inquiétants. En effet, ces pauses lui indiquent que son public est attentif, absorbé par l'image qu'il vient d'évoquer et qu'il essaie de s'en faire une représentation mentale. N'empêche qu'il se délecte toujours d'entendre des «ah, j'ai mal aux joues!», chaque fois qu'ils se présentent dans l'auditoire. «Ça fait du bien de voir des gens rire. C'est épouvantable, ce que ça fait.» Se dévoiler en spectacle est en quelque sorte une puissante thérapie pour l'humoriste.

De plus, chaque représentation se dessine à l'image d'un duel amical qui s'opère entre lui et «la personne», son public, qui se trouve en face de lui. En fait, il se retrouve chaque soir en présence de deux types de gens: il y a ceux qui l'aiment déjà, d'un côté, puis ceux qui ne le connaissent pas encore, de l'autre. Mais pas question de les traiter différemment. Son défi? Les conquérir tous, sans exception, en ne ménageant toutefois pas quelques efforts supplémentaires pour capter celui ou celle qui semble le ou la plus difficile à convaincre. «Le vilain petit canard», se plaît-il à le nommer gentiment. Lorsque sa mission est accomplie et qu'il réussit enfin à lui soutirer un rire ou un sourire bien senti, il peut ainsi déclarer victoire. P-A nous a également confié que, 60 secondes avant d'entrer sur scène, il se motive intérieurement, en lançant à son public encore inconnu un genre de mise en garde contre ce duel à venir. Un public contre lui, lui contre un public... Et c'est parti! P-A plonge finalement sur scène comme un poisson dans l'eau, prêt à en mettre plein la vue à ce cher public qui a choisi d'être là, ce soir, pour voir P-A Méthot, leur P-A. À ce moment, le public n'est qu'un.

« Ça fait du bien de voir des gens rire. C'est épouvantable, ce que ça fait. »

À ses débuts, le fait d'être sur scène fut libérateur et, en même temps, une fuite. On pourrait dire que le combat n'est plus le même, puisqu'il y prend désormais plaisir, mais que le *modus operandi* est resté sensiblement le même au fil du temps. En somme, la fuite qu'il recherchait durant ses jeunes années est devenue une seconde nature presque salutaire pour l'humoriste.

PUBLIC CIBLE : DE **7 À 77 ANS**, DE CHIBOUGAMAU À MONTRÉAL

Étonnement, le public de P-A se situe davantage dans la tranche d'âge des 40 ans et plus. Ainsi, P-A se sent privilégié de pouvoir intégrer dans son spectacle des références de sa propre génération et d'être compris par ces gens. Malgré tout, il s'assure que tous puissent se reconnaître dans ce qu'il raconte. « Pour moi, c'est important que tout le monde comprenne, de 7 à 77 ans », ajoute-t-il.

P-A apprécie particulièrement présenter son spectacle en région. D'ailleurs, il peut se produire dans certaines villes trois ou quatre fois par année, tellement il s'y sent bien. C'est notamment le cas pour, bien sûr, Chandler, mais aussi pour Québec, Baie-Comeau, Sept-Îles et Magog. Sans doute grâce à ses origines gaspésiennes, il s'adresse au public comme si c'était ses amis, ses voisins, allant jusqu'à tutoyer ces derniers, comme si cette masse de gens n'était en fait qu'une seule personne.

« Pour moi, c'est important que tout le monde comprenne, de 7 à 77 ans. »

En dehors de cet attachement certain pour les régions, P-A adore se retrouver sur les scènes des grands centres urbains. L'important pour lui, c'est que son public saisisse ses propos, qu'il vienne de Chibougamau ou de Montréal.

Gageons que ses racines gaspésiennes ne sont pas étrangères à cette force que possède l'humoriste, soit celle de rassembler les troupes avec brio, quels que soient leur origine, leur génération ou leur niveau socioéconomique...

Quand Steeve a dit à P-A : « Je vais prendre ta carrière sur mes épaules ».

UN DUO INCOMPARABLE : P-A MÉTHOT ET STEEVE GODBOUT

STEEVE GODBOUT – DE **POLICIER À GÉRANT** DE P-A MÉTHOT

Steeve Godbout, originaire de Québec, fit son entrée dans le milieu policier en 1994, au terme d'une formation technique de trois ans au Collège de l'Outaouais à Gatineau et d'un stage obligatoire de trois mois à l'Institut de police du Québec (maintenant l'École nationale de police du Québec) à Nicolet. C'est en 1995 qu'il fit ses premières armes au sein du Service de police de la Chaudière-Ouest, qui desservait à l'époque les villes de Bernières, Saint-Nicolas, Saint-Rédempteur et Saint-Étienne-de-Lauzon, maintenant fusionnés à Lévis. Un an plus tard, il se retrouve parmi les 15 premiers policiers embauchés par le nouveau Service de police de la ville de Val-Bélair, en banlieue de Québec sur la rive nord (fusionné en 2001 avec le Service de police de la ville de Québec).

En 2000, alors qu'il exerce depuis cinq ans le métier de policier, Steeve est victime d'une rupture d'anévrisme au cerveau. Transporté d'urgence à l'hôpital, il y subira immédiatement une intervention chirurgicale de plusieurs heures. Huit mois plus tard, fort d'une rapide convalescence, il est de retour au boulot et obtient une affectation aux enquêtes criminelles.

Or, l'anévrisme dont il fut victime quelques mois plus tôt l'amena à amorcer une profonde remise en question sur sa vie professionnelle. Souhaitait-il vraiment poursuivre cette carrière ou ne préférait-il pas plutôt un nouveau défi? Conscient de son fort esprit d'entrepreneuriat, conjugué à de bonnes économies, il comprend de plus en plus que son avenir se jouera ailleurs que dans un poste de police. C'est alors qu'il s'engage dans un processus de réorientation de carrière.

Nous sommes en 2002 et Steeve découvre peu à peu le milieu du spectacle. Voilà, son choix est fait. Il fonde Productions Première-Scène inc. (PPSCANADA) la même année et décide de se donner deux ans pour en vivre à temps plein et ainsi quitter la police. C'est à cette époque qu'il fait la connaissance de P-A Méthot (lire P-A et Steeve: l'évolution de leur relation professionnelle, de *booker* exclusif à gérant, en page 139).

En 2004, la décision est confirmée, PPSCANADA roule bien et Steeve quitte tel que prévu la police après une rencontre avec son représentant syndical et le capitaine de l'époque. Il remet alors son arme de service, son « badge » et son uniforme. Il part sans regret pour ne plus jamais revenir tant son choix était assumé et réfléchi. C'est aussi à ce moment qu'il prit le plus grand risque de sa carrière: « Là, je me mets en danger », se souvient-il avoir pensé.

Son plan d'affaires était plus clair que jamais : il allait faire de PPSCANADA une compagnie bien établie en gestion d'événements et en placement d'artistes. Ce dernier volet impliquait une relation de proximité auprès des gérants d'artistes et des divers clients corporatifs et festivals. PPSCANADA bénéficiait alors d'un pourcentage sur les cachets récoltés pour chaque spectacle. À cette époque, la plupart des artistes que Steeve engageait sur scène présentaient en moyenne 60 minutes de matériel, parfois 90 minutes.

Parallèlement, PPSCANADA saisissait l'occasion de placer sur scène ses propres artistes, en plus des artistes déjà établis qu'il engageait auprès des autres boîtes de gérance, d'autant plus qu'il travaillait déjà à l'époque avec de grosses pointures de l'humour. Il y avait là, selon l'ex-policier, une occasion à saisir afin de faire rayonner les siens, dont un certain P-A Méthot qu'il souhaitait voir « grandir » à la hauteur de son immense talent brut.

P-A ET STEEVE : DE *BOOKER* EXCLUSIF À GÉRANT
(l'évolution de leur relation professionnelle)

P-A Méthot et Steeve Godbout, une rencontre prédestinée ? Sans doute.

En 1993, le jeune P-A habitait au 1014, 1re avenue à Québec. Ce logement était situé à l'étage d'une ancienne épicerie qui avait appartenu, de 1951 jusqu'en 1976, aux grands-parents paternels de Steeve, monsieur Gérard Godbout et madame Graziella Drolet. Quelle coïncidence !

Puis arriva la première rencontre entre les deux hommes, un soir d'automne 2002. C'était à l'occasion de la première soirée d'humour au Club social Victoria à Québec, produite par PPSCANADA, fondée quelques mois plus tôt. Steeve, bien qu'il était toujours policier, y était ce soir-là dans le cadre de ses fonctions entrepreneuriales et P-A y présentait un numéro d'humour sur scène. Aussitôt les présentations terminées, la chimie s'installa entre les deux hommes et une collaboration débuta immédiatement.

Quelques mois plus tard, se remémorant le nombre de prestations fracassantes que P-A avait livrées sur scène, il ne faisait aucun doute dans l'esprit de Steeve que c'était P-A qu'il lui fallait comme premier artiste pour PPSCANADA. Tout était possible et de grandes choses se profilaient à l'horizon pour ce Gaspésien charismatique, se disait-il. En effet, Steeve voyait déjà en lui la graine d'un champion. P-A Méthot possédait la faculté de jouer avec le public et sa grande culture générale lui faisait entrevoir plusieurs possibilités. Et que dire de son charme fou ? Son seul charisme garantissait chaque fois une présence sur scène incroyable. C'est alors qu'un contrat en « *booking* exclusif » fut signé le 3 mai 2003.

Plus le temps avançait, plus le nombre de spectacles augmentait et il en était de même pour les cachets. Il devenait alors de plus en plus pressant que P-A s'entoure d'un bon gérant, qui agirait en tant que chef d'orchestre et qui s'occuperait de l'entourer des bonnes personnes (producteur, metteur en scène, relations de presse, etc.), afin de propulser sa carrière plus loin encore et de l'encadrer de façon plus consciencieuse.

Mais, en raison notamment du caractère très imprévisible du personnage à cette époque (lire P-A Méthot, l'imprévisibilité sur deux pattes, en page 43), il fut plus difficile que prévu pour Steeve de trouver un gérant prêt à se risquer à prendre en charge la carrière de P-A. De plus, dans un milieu où le client est roi, aucun gérant n'était disposé à laisser passer certaines des déconvenues de P-A. Bien qu'il était facile à vivre et à vendre en raison de son talent palpable, ses retards sur scène ou ses prestations à n'en plus finir exaspéraient bon nombre de propriétaires de bars, clients corporatifs, festivals et collègues humoristes avec qui il partageait la scène le soir même.

Cette situation n'avait rien de réjouissant pour Steeve, qui partit alors à la recherche de la perle rare en donnant quelques coups de téléphone dans le but de soumettre à des gérants bien établis quelques propositions. Michel Grenier, gérant de Mike Ward, Martin Deshaies, gérant de Philippe Laprise et Stéphane Fallu, ainsi qu'André «Junior» Girardeau, grand ami de P-A et aussi gérant de plusieurs artistes émergents de l'époque. En six mois, presque tout le monde y était passé. Après ces nombreux refus, P-A avait peut-être raison d'insister depuis le début afin que ce soit Steeve qui devienne son gérant et qu'ils ne perdent pas leur temps à en trouver un autre. Lui seul savait comment parler à l'humoriste de la façon la plus appropriée. Et il ne connaissait personne d'autre capable de le «brasser» lorsqu'il le fallait. N'était-il pas cet homme directif et digne de confiance qu'il fallait à l'humoriste?

Donc après moult refus et négociations infructueuses, Steeve se laisse finalement convaincre et devient son gérant. C'était le 8 décembre 2006. Ne pouvant contenir sa joie, P-A sentait qu'il venait de signer là le contrat le plus important de sa vie d'humoriste, celui qui allait le propulser plus loin encore que ce qu'il n'avait jamais osé espérer. Toutefois, il s'en est fallu de peu pour que ce partenariat ne voie jamais le jour. Steeve était fort résistant à l'idée de jouer ce rôle crucial. En effet, l'ancien policier doutait de sa capacité à faire honneur au métier de gérant d'artistes, lui à qui le rôle plus en retrait de *booker* suffisait. Heureusement, les légendaires traits de combattant de P-A, telles la persévérance et la ténacité, sont parvenus à convaincre Steeve de se lancer dans cette grande aventure qu'il ne regretta jamais.

Le nombre de spectacles et les cachets augmentaient encore, mais il fallait plus. Il devenait de plus en plus clair qu'une alliance avec un producteur s'imposait afin de pouvoir faire rayonner la carrière de P-A grâce à un premier *one man show* (lire L'arrivée du Groupe Entourage dans l'entourage de P-A et Steeve, en page 145).

Maintenant en mesure de s'occuper uniquement de la carrière de P-A en tant que gérant, et ayant confié le *booking* de son artiste de même que la production de *Plus gros que nature* au Groupe Entourage, Steeve agit littéralement comme chef d'orchestre dans la carrière de l'humoriste. Il veille à n'accepter que ce qu'il y a de meilleur pour son artiste et appose son veto sur tout ce qu'il juge non optimal pour la carrière et le bien-être de ce dernier. Ne s'étant jamais considéré comme le supérieur ou le patron de P-A, il se perçoit plutôt comme la partie calme et cérébrale venant compléter la douce folie de ce dernier.

Conscients d'être en quelque sorte «des *outsiders*» de l'humour au Québec, P-A et Steeve ne rechignent plus devant l'expression dont on les désigne, «les gars de Québec», en opposition à tous ceux qui évoluent à Montréal. Ils se sont faits à l'idée que c'est de cette façon qu'ils se feront toujours reconnaître et c'est correct ainsi. De plus, il n'a jamais été question pour ni l'un ni l'autre de s'installer dans la métropole. Steeve, de son côté, a d'abord et avant tout un attachement familial à la ville de Québec qu'il lui serait très difficile de négliger, tandis que P-A, pour sa part, reconnaît retrouver dans la Vieille Capitale un peu de la proximité des gens de sa Gaspésie natale.

En plus d'être de grands amis qui se respectent, le duo possède cette connaissance et cette compréhension mutuelle approfondie que peu de gens en général atteignent dans leurs relations professionnelles. C'est cela qui explique notamment le fait qu'ils savent exactement comment s'adresser l'un à l'autre et qu'ils connaissent leurs limites respectives. D'ailleurs, les deux comparses sont du même avis : le diagnostic de bipolarité de l'humoriste a été une étape marquante dans la relation professionnelle qui les unit.

Peu d'humoristes québécois peuvent se vanter d'avoir construit le même type de relation avec leur gérant, durable dans le temps. Bien que certains croient qu'il puisse devenir dangereux de travailler sur une longue période avec la même personne, P-A ne l'envisage pas ainsi. Au contraire, s'il advenait qu'il soit dans l'impossibilité de prendre une décision importante pour sa carrière, peu importe la raison, il aura entièrement confiance au jugement de son gérant pour prendre ladite décision. Il existe entre eux une confiance iné-branlable et une relation basée sur l'honnêteté et la bienveillance. De plus, il est clair que leur partenariat professionnel ne se terminera que le jour où P-A décidera officiellement de partir à la retraite.

Conscient que sa carrière dépend en grande partie de la bonne santé professionnelle, physique et mentale de P-A Méthot, Steeve a tôt fait de s'attacher au principe selon lequel il ne surmènerait jamais l'humoriste. Il faut savoir que les risques de dépasser les limites sont assez élevés dans cette industrie. « C'est pas une canette de Pepsi que je vends. C'est un humain », précise Steeve, bien conscient de la gravité de la chose. Heureusement, le fait que chaque aspect de leur travail soit clairement établi de part et d'autre contribue à maintenir les échanges harmonieux et libres de toute confusion. Par exemple, les deux partenaires exercent une certaine autorité dans leur champ d'expertise respectif. Steeve, lui, assure tout l'aspect négociation et P-A, de son côté, est le maître du jeu dès lors qu'il se retrouve sur scène. Leur arrive-t-il d'empiéter sur le territoire de l'autre ? Jamais. P-A, c'est lui le *boss* sur scène, de dire Steeve avec aplomb. C'est lui qui gère tout le contenu artistique. D'ailleurs, il est entendu depuis le début que Steeve ne s'immiscera dans aucune décision relative au contenu artistique des prestations de P-A. Toutefois, dans les faits, il peut arriver que le gérant lui soumette un commentaire, une idée ou une suggestion. Dans ces cas-là, il n'en demeure pas moins que P-A reste maître de cette sphère. C'est lui le maître de l'humour après tout.

Travaillant ensemble depuis 2002, P-A et Steeve se considèrent presque comme un vieux couple. Ils se connaissent par cœur. Quand Steeve a besoin de quelque chose de la part de P-A et qu'il connaît la date limite, il s'assure de l'avertir pour qu'il se prépare et ne soit pas pris au dépourvu. Malgré cela, il sait que P-A fera le travail quand même à la dernière minute. L'humoriste est comme ça et, avec les années, son gérant a appris à gérer cette facette de la personnalité de P-A.

L'ARRIVÉE DU
GROUPE ENTOURAGE
DANS L'ENTOURAGE DE P-A

P-A présentait déjà près de 200 spectacles par année et participait aux plus grands festivals d'humour (*Grand Rire de Québec* et *Juste pour rire*). L'idée de produire un *one man show* – un des plus grands accomplissements qui soit pour un humoriste – représentait une belle progression dans la tête de Steeve et P-A. Mais, pour y arriver, il leur fallait s'entourer d'une équipe de production possédant l'expertise nécessaire. Une équipe qui veillerait à faire de cet ambitieux projet un succès à tous les niveaux. Le nom du Groupe Entourage, compagnie de production de spectacles présidée par Eric Young, se mit à prendre de plus en plus de place dans l'esprit de Steeve. Producteur de renom derrière Jean-Michel Anctil, Mesmer, Peter MacLeod, Dominic Paquet, Guy Nantel, Mario Tessier et Annie Villeneuve, entre autres célébrités, il était sans contredit le propriétaire de l'une des boîtes de production de spectacles québécoises avec qui il valait le détour d'avoir une bonne discussion. De plus, P-A s'était retrouvé à plusieurs reprises aux mêmes événements que Peter MacLeod et ce dernier, lors d'une de ces soirées en particulier, s'était grandement avancé sur le sujet, confiant à P-A qu'il le trouvait excellent et qu'il ne comprenait pas pourquoi il n'avait pas encore eu la chance de percer au niveau du grand public. «Je vais te prendre sous mon aile moi», dit Peter à P-A. «Je vais parler à mon producteur [Eric Young] afin que tu puisses faire les premières parties de mon prochain *one man show* et ensuite on pourra produire ton propre show!» P-A relate même que l'humoriste lui avait dit que, si le Groupe Entourage n'était pas prêt à produire son *one man show*, qu'il le financerait lui-même jusqu'à 50%. Peter conclut sur le fait qu'il allait bientôt se retrouver «dans le Sud» avec Eric Young et qu'il allait lui parler davantage de P-A.

Peter tint parole et, après plusieurs échanges télépho-niques, Steeve Godbout et Bibi Benoît (productrice associée du Groupe Entourage) se rencontrent le 18 juin 2011 dans un restaurant de Québec, en plein festival *Grand Rire de Québec* afin d'entamer les discussions. Ce fut là le début de plusieurs rencontres fort intéres-santes. Il était alors question de négocier la présence de P-A pour les premières parties du prochain *one man show* de Peter MacLeod, *Sagesse reportée* qui allait débuter sous peu, au cours de l'année 2011. Certains termes de l'entente, qui comprenaient notamment le cachet, furent discutés, mais rien en ce qui concerne la production d'un *one man show* pour P-A. Le Groupe Entourage n'était pas encore prêt à se commettre sur cet aspect. Certes, c'était déjà un pas en avant. Mais Steeve savait qu'une première partie du *one man show* d'un artiste reconnu n'apporte généralement rien pour l'artiste en matière d'avancement futur, s'il n'y a pas de stratégie pour aller de l'avant ensuite. « Il fera les premières parties de Peter, ensuite on verra », lui répétait-on chaque fois qu'il abordait la question. Cette première rencontre se termina donc cordialement, mais rien n'avait été formellement conclu.

Entretemps, P-A offre la performance de sa vie lors de son numéro télévisé du *Grand Rire* au Grand Théâtre de Québec. Tous ne parlent que de lui ! À un point tel que, le 27 juin 2011, une autre société de production de spectacles fait une proposition à Steeve afin de prendre en charge le tant espéré *one man show* de P-A. Encore là, il y a des échanges téléphoniques et une rencontre est même tenue à Montréal avec les dirigeants de cette société de production. Mais Steeve demeure convaincu que la boîte qu'il faut pour P-A est le Groupe Entourage : « le *fit* est trop parfait ». Il s'agit d'une compagnie dynamique ayant les moyens financiers de ses aspirations et, à sa tête, un dirigeant créatif. Il ne fait pas de doute dans l'esprit de Steeve que la stratégie impliquant les premières parties du *one man show* de Peter suivies d'une production du *one man show* de P-A serait le bonheur total et certainement un gage de réussite. Mais voilà, on lui offre bien pour son poulain les premières parties du *one man show* de Peter MacLeod, mais on ne veut pas s'avancer immédiatement sur la suite. C'est alors que le gérant décide de jouer le tout pour le tout. Il contacte directement Eric Young au téléphone afin de l'informer qu'il y a maintenant un deuxième joueur dans la partie et que cette offre est fort intéressante puisqu'elle implique non seulement la présence de P-A pour les premières parties du *one man show* d'un de leurs artistes, mais également l'assurance de la production du *one man show* de P-A par la suite. Du même souffle, il assure à Eric que, si toutefois ce dernier lui offre «le même *deal*» son choix pencherait vers le Groupe Entourage puisqu'il «sentait mieux» cette relation d'affaires pour son artiste. Suivant cette conversation téléphonique de plus de trois heures, il est convenu entre les deux hommes que le Groupe Entourage assurera la production du *one man show* de P-A et qu'une négociation débutera quelques jours plus tard afin d'en arriver à une entente. Immédiatement après avoir mis fin à la conversation téléphonique et avoir pris quelques instants pour danser seul sur place, tellement il était heureux, Steeve compose le numéro de téléphone de P-A pour lui annoncer l'énorme nouvelle. Ce dernier est sans mots ou plutôt «a tellement de mots qui se bousculent dans sa bouche» que son discours est amusamment inaudible tant le bonheur est palpable.

Après avoir avisé la société de production concurrente, les négociations entre le Groupe Entourage et PPSCANADA s'engagent par courriel. Un consultant est engagé par Steeve afin de bien le guider sur ce nouveau terrain et c'est alors, après plusieurs conversations téléphoniques et échanges de courriels, que le 3 août 2011 Steeve se rend aux bureaux du Groupe Entourage afin de conclure les négociations et d'accepter les termes de la première convention de production de spectacle de P-A Méthot qui sera officiellement signée le 12 août 2011.

Un moment des plus déterminants dans la carrière de P-A, on s'en doute bien!

P-A ET STEEVE :
LE YIN ET LE YANG

P-A Méthot, c'est l'émotivité incarnée. Steeve Godbout, pour sa part, pourrait très bien se retrouver sous le mot « cartésien » dans tout bon dictionnaire de langue française. Les deux comparses se complètent à merveille. C'est ce qui fait la beauté et la force de leur partenariat.

Steeve est très rationnel, à la limite contrôlant, tandis que P-A est dans les nuages. D'ailleurs, bien que sa médication soit appropriée, sa bipolarité entraîne encore aujourd'hui son lot de difficultés, en particulier celles de prendre des décisions éclairées, réfléchies et rationnelles plutôt que des décisions sous l'effet de l'émotion. C'est pourquoi la présence de Steeve à ses côtés s'avère essentielle, lui qui est presque né pour prendre des décisions réfléchies. De son côté, Steeve affirme devoir fréquemment faire face aux diverses réactions émotives de P-A. Malgré ces quelques désagréments, cette facette de la personnalité de P-A a également beaucoup apporté à Steeve en matière de souplesse, de douceur et de sensibilité dans ses rapports humains sur le plan professionnel. Ancien policier, cartésien de nature, il avoue lui-même avoir eu pendant longtemps tendance à s'adresser aux gens de façon plutôt directive, une attitude que P-A a tôt fait de lui faire remarquer. Ce fut un apprentissage de longue haleine, mais, aidé par un P-A toujours chaleureux et avenant, ça lui vaut aujourd'hui une belle réputation dans le domaine. « Il m'a aidé à me décoincer et je l'ai aidé à se structurer », conclut Steeve pour démontrer à quel point P-A l'a amené à sortir de sa zone de confort.

Le duo inséparable fêtant le premier panneau publicitaire de *Plus gros que nature* sur le pont Jacques-Cartier

D'ailleurs, à l'époque précédant la signature du contrat de gérance de P-A, chacun des deux acolytes présentait un flagrant manque de confiance en soi. Étonnamment, Steeve croyait plus au potentiel et au talent de P-A que P-A lui-même. L'humoriste, de son côté, avait une confiance inébranlable en Steeve. Pourtant, l'ex-policier ne se sentait pas à la hauteur. La grande confiance mutuelle qu'ils se sont portée depuis le début fut véritablement le ciment, le moteur de leur relation. C'est elle qui les a propulsés. C'est ce qui fait la force de ce partenariat. Leur rencontre fut un concours de circonstances phénoménal et une véritable bénédiction. Rétrospectivement, les deux partenaires s'entendent pour dire que ce fut la meilleure association qu'ils auraient pu trouver.

« Il m'a aidé à me décoincer et je l'ai aidé à se structurer. »

P-A ET STEEVE:
UN CONTRAT À VIE

Après plus de 13 ans à partager le quotidien de son gérant et ami Steeve Godbout (God), P-A se plaît souvent à répéter que cette relation constitue la plus longue qu'il ait vécue à ce jour, à part sa famille bien sûr.

D'ailleurs, P-A et Steeve, à la façon d'un vieux couple, se parlent tous les jours au téléphone à de nombreuses occasions, peu importe la distance qui les sépare. Vacances, pas vacances, semaine ou fin de semaine, ils peuvent se donner jusqu'à vingt coups de téléphone par jour. Il leur arrive également de s'obstiner pendant des heures et des heures sur des banalités – ou pas –, jusqu'à ce que l'un des deux admette que l'autre a raison. Qu'il s'agisse de travail ou de préoccupations personnelles, le scénario est le même : ils ne lâcheront pas tant qu'ils ne seront pas arrivés à un terrain d'entente. Vrai comme la terre est ronde, les deux comparses avouent en ricanant qu'une discussion «absurdement drôle mais intense» sur la forme des bonbons Junior Mint les a déjà tenus réveillés durant sept heures et demie, sur le chemin de Chandler à Québec. Toutefois, malgré leur forte propension à l'obstination et à l'argumentation, ils élèvent rarement le ton, si ce n'est que pour conférer plus de force à ce qu'ils sont en train d'affirmer. «On ne se chicane jamais», admet même Steeve.

Il n'en reste pas moins que le contrat qui unit les deux hommes n'est pas que professionnel et ne se limite pas à 10 ans; il s'agit plutôt d'un «contrat à vie», tel qu'ils le proclament souvent à l'unisson.

« On ne se chicane jamais. »

Steeve Godbout, gérant de P-A

UN VÉRITABLE « CHEF D'ORCHESTRE » : STEEVE GODBOUT

PROFESSION
GÉRANT D'ARTISTES

Un gérant, c'est un chef d'orchestre. « C'est de la stratégie continuellement. » Ce dernier est responsable du développement de la carrière de l'humoriste et de lui assurer la meilleure santé financière possible par l'obtention, entre autres choses, de divers engagements professionnels sur scène, par l'apport de différents mandats à titre de porte-parole et d'engagements en animation télé ou radio. Le gérant doit aussi procurer à son artiste une équipe de relations publiques qui verra à entretenir l'image de ce dernier. Ce sont ces gens-là qui planifient et coordonnent les présences à la télé lors de *talk-shows* ou de jeux télévisés, notamment. Le gérant est également quelqu'un qu'on pourrait qualifier d'intervenant, dans la mesure où, évoluant auprès d'artistes, très émotifs pour la plupart, il doit

« C'est de la stratégie continuellement. »

intégrer dans son travail une certaine gestion de toute la dimension humaine de leur carrière. Il est ainsi de son devoir de faire en sorte que l'esprit de ses artistes soit libre de toute préoccupation financière et émotionnelle.

Il arrive parfois qu'un gérant choisisse de remettre tout l'aspect de la production entre les mains d'un producteur. Dans le cas de Steeve, ce fut avec l'équipe du Groupe Entourage qu'il choisit de faire affaire pour la production du *one man show* de P-A (lire Le b.a.-ba d'une entente de production – Le récit d'Eric Young, producteur, en page 161). Dans cette optique, les compétences, les connaissances et le savoir-faire que Steeve a acquis en matière de production ces dernières années, il les doit à Eric Young de chez Entourage, qui a tôt fait de lui enseigner tous les rouages de ce pan important de l'industrie du spectacle. Parce qu'il aime apprendre et s'entourer de gens professionnels et compétents, il profite encore aujourd'hui de chaque occasion qui se présente pour se perfectionner.

L'ancien policier ne s'en cache pas, c'est notamment grâce à P-A qu'il réussit à si bien gagner sa vie à l'heure actuelle. Toutefois, au moment où il décidait de quitter sa carrière de policier pour se lancer à temps plein dans la gérance, jamais il n'aurait pu imaginer à quel point cette industrie du spectacle pouvait être si fructueuse et passionnante.

UN TRAVAIL D'EXPERT
DANS L'OMBRE

Dans l'industrie de l'humour au Québec, tout le monde connait Steeve Godbout. Mais, pour le commun des mortels et les consommateurs d'humour, il demeure un personnage jouant un rôle mystérieux pour l'artiste et dont le nom évoque très peu.

Steeve Godbout, c'est celui qui travaille dans l'ombre, de son propre gré, et qui s'y plaît totalement. « L'ombre, pour moi, c'est parfait », affirme fièrement Steeve. En effet, celui dont le nom est souvent cité par P-A dans les médias, est d'avis qu'il n'est pas nécessaire qu'on mette en plus un visage sur ce nom qui circule déjà bien assez. Le fait que son gérant et ami Steeve reste dans l'ombre par choix, alors qu'il devrait lui aussi bénéficier d'une certaine reconnaissance du travail accompli, ne fait pas toujours l'affaire de P-A. L'humoriste insiste d'ailleurs sur le fait que son gérant mériterait énormément des choses qu'il est malheureusement le seul à vivre et à célébrer. Pourtant, Steeve semble vivre ce succès par procuration, sans éprouver la moindre envie de se retrouver sous les feux des projecteurs comme son acolyte gaspésien. Pour Steeve, le fait de voir les murs de son bureau arborer les plaques de billets vendus octroyées par l'ADISQ[10] est extrêmement significatif et porteur de fierté pour l'ex-policier.

> **« L'ombre, pour moi, c'est parfait. »**

---

10. Au moment où vous lisez ce livre, P-A a reçu une plaque double platine représentant 200 000 billets vendus.

LE POUVOIR DE LA **NÉGOCIATION**

Ses fortes habiletés de négociation et de gestion, Steeve ne les doit pas à une formation, à un quelconque mentorat ou à un modèle professionnel. «Je pense que j'ai toujours eu ça en moi», affirme-t-il. En effet, sa nature terre à terre et son mode de pensée rationnel sont des qualités de gestionnaire qu'il est très heureux de posséder, sans quoi il n'aurait pas été possible pour lui d'exercer ce métier.

Le gérant est conscient que P-A est devenu rien de moins qu'une PME en raison des emplois qu'il génère et du chiffre d'affaires qui en découle. Réputé pour sa façon de faire unique et étant très respecté dans le milieu, Steeve, «le gérant de Québec», ne permet à personne de contacter directement ses artistes, pas plus que de négocier des tarifs sans d'abord passer par lui.

PPSCANADA
ET SES ARTISTES

Comme gérant délégué au sein de sa propre compagnie de management PPSCANADA (Productions Première-Scène inc.), Steeve Godbout met tout son cœur et ses efforts dans l'optique que ses artistes grandissent et vivent convenablement de leur art, un peu à la façon d'un père de famille. «C'est comme la fierté d'un parent avec son enfant», nous révèle-t-il pour expliquer la relation de confiance qui l'unit à P-A Méthot et à ses autres protégés: Nicolas Gignac (magicien), Hugo Girard (athlète de force, animateur télé et conférencier) Max Leblanc (humoriste) et Martine Albert (athlète olympique, animatrice radio et conférencière).

Il faut spécifier que PPSCANADA, qui a officiellement vu le jour le 20 juillet 2002, jour de l'anniversaire de Steeve, ne s'est pas toujours défini comme une compagnie de gérance d'artistes. En effet, Steeve a attribué à son entreprise diverses formes juridiques et mandats au fil des ans (gestion d'événements et placement d'artistes). Ce n'est qu'en 2010 qu'il s'est retrouvé seul actionnaire de l'entreprise. Cet important changement de structure donna définitivement le ton à l'entreprise actuelle de management.

Maintenant que les affaires vont rondement et qu'il admet être parfaitement comblé avec ses artistes actuels, Steeve ne demeure pas pour autant fermé aux propositions de projets ou à la possibilité d'élargir ses services au-delà de la gérance. Toutefois, d'ici là, l'ex-policier ne chôme pas et, avec les carrières de quatre autres artistes à gérer en parallèle à celle de P-A, disons que les temps morts sont plutôt rares.

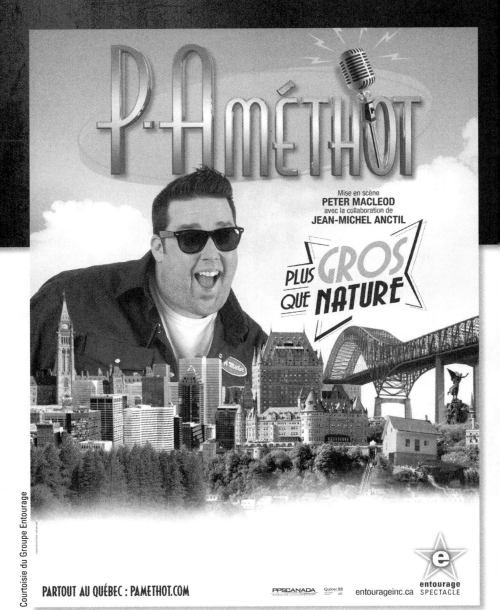

Première affiche officielle de *Plus gros que nature*

«PLUS GROS QUE NATURE»

«PLUS GROS QUE NATURE», UN NOM QUI FAIT JASER

Ce n'est pas instantanément et sans réflexion préalable qu'a été prise la décision de nommer ainsi le *one man show* de P-A Méthot.

Un jour, lors d'une rencontre de production avec les gens du Groupe Entourage, les idées se bousculaient afin de trouver un nom au spectacle de P-A. Après «Sans gras trans», «P-A Méthot, bon pour la santé» et compagnie, c'est finalement *Plus gros que nature*, lancé par Peter MacLeod, qui fut adopté à l'unanimité.

Cette expression, qui pourrait facilement faire référence au poids de l'humoriste et à son physique imposant, visait plutôt à rendre justice à la façon unique et

« Je prends une anecdote et je la transforme en épopée. Ensuite, je prends l'épopée et je la transforme en légende. Et ainsi de suite. »

particulière qu'a P-A de livrer ses histoires. «Je prends une anecdote et je la transforme en épopée. Ensuite, je prends l'épopée et je la transforme en légende. Et ainsi de suite.»

Comme P-A souhaitait que le titre décrive le spectacle lui-même plutôt que de mettre l'accent sur son poids, on avait enfin trouvé le procédé littéraire le plus adapté.

LA «BIBLE» DE P-A : UNE **ÉCRITURE FASTIDIEUSE,** MAIS NÉCESSAIRE

Au moment de signer le contrat de production avec le Groupe Entourage, une clause importante fut négociée puis acceptée : tous les textes de *Plus gros que nature* seraient revus par des spécialistes du rire afin d'assurer un certain professionnalisme et davantage de structure. Ainsi, Louis-Philippe Rivard et Jean-Michel Anctil, jouant le rôle de scripts éditeurs, auraient donc la tâche de réécrire les textes de façon plus mordante et condensée. Toutefois, pour ce faire, il leur fallait une base : la version écrite des numéros qui allaient être présentés dans le spectacle. C'est donc à reculons que P-A fut contraint de s'adonner à cette écriture pénible et fastidieuse, lui qui n'a pas l'habitude de s'asseoir devant un ordinateur et de rédiger un texte plus long que quelques lignes. Étonnamment, P-A a trouvé l'exercice «tripant»! Ce fut pour l'humoriste une occasion privilégiée de réunir tout son matériel en une sorte de «bible» de ses numéros. Un travail de moine, c'est le cas de le dire, puisque cela a dû lui prendre près de deux mois!

Heureusement, c'était pour une bonne cause, car ce fut sans doute l'un des travaux de longue haleine les plus ardus que l'homme ait eu à accomplir jusque-là. Ce fut également une occasion de revisiter de vieux numéros qu'il ne considérait plus depuis belle lurette. Lorsque les numéros ont été soigneusement sélectionnés et ordonnés pour en faire la trame de fond de *Plus gros que nature*, P-A a ainsi pu donner son accord à l'équipe « de script-édition ». C'est ainsi que s'écrivirent les premiers textes qui furent présentés au début de son *one man show*.

LE B.A.-BA D'UNE **ENTENTE DE PRODUCTION** – LE RÉCIT D'ERIC YOUNG, PRODUCTEUR

« Avant qu'on commence à travailler ensemble, je connaissais déjà P-A Méthot. Pas personnellement, mais juste assez pour le saluer lorsqu'on se croisait dans des galas au *Grand Rire*. » C'était il y a près de sept ans. L'humoriste était alors plutôt actif dans l'est de la province. Il était un phénomène de ce coin de pays. En effet, l'industrie du divertissement étant basée presque en totalité à Montréal, P-A faisait véritablement bande à part en tentant l'aventure de l'humour dans la Vieille Capitale. « C'est pourquoi quand je pensais à lui, le *phénomène de Québec* me venait instantanément en tête. » Il y était en effet bien connu par sa présence constante dans diverses activités, gérées d'une main de fer par Steeve Godbout.

« C'est alors que son gérant se mit à m'approcher à l'occasion de différents événements et galas. Il souhaitait s'associer avec nous et nous faisait part du fait que P-A appréciait beaucoup Peter MacLeod, avec qui nous travaillions déjà. En effet, je venais tout juste de lancer les opérations d'Entourage Spectacle – le 2 juillet 2007 – et mon équipe et moi nous apprêtions à lancer le troisième *one man show* de Peter, *3e Round*, ainsi que le spectacle *Messmer Fascinateur* de Messmer. Nous avions déjà de gros projets sur la table, en plus du démarrage de l'entreprise. Avant de nous lancer dans quoi que ce soit avec P-A Méthot, nous voulions une évaluation holistique. Nous ne voulions rien brusquer. Il fallait qu'on soit prêts. De plus, une chose m'inquiétait beaucoup : la santé de P-A. Il semblait avoir une santé fragile. Cela constituait un énorme risque pour nous qui œuvrons dans l'industrie du spectacle vivant. N'oublions pas que d'astronomiques sommes d'argent doivent être investies dans la production d'un spectacle solo, avant même qu'un de nos humoristes ait donné un seul spectacle. Il fallait donc nous assurer de mettre toutes les chances de notre côté. Heureusement, je voyais au fil du temps à quel point P-A s'investissait dans le projet et combien il était dédié à son métier. De plus, la présence et l'historique professionnel de son gérant (ex-policier) me rassuraient beaucoup.»

Les pourparlers avec le gérant de P-A ont ainsi duré près de trois ans. «Durant cette période, j'ai pu prendre connaissance de l'évolution de P-A et de la détermination de Steeve. Peter MacLeod, qui croyait énormément en l'humoriste de Québec, a eu une forte influence sur ma présence dans ce projet avec P-A. Il le voulait en première partie de son prochain *one man show*. Nous avons finalement signé P-A à l'été 2011 pour la première partie de Peter et le spectacle *Sagesse reportée* débutait à l'automne de la même année.»

Pendant deux ans, P-A a assuré avec brio la première partie du spectacle. En tout, il a présenté plus de 200 spectacles et fut vu par plus de 125 000 personnes. En plus, dès la deuxième année, il a également fait quelques spectacles en ouverture de la deuxième partie de Jean-Michel Anctil (spectacle *Tel Quel*). Il lui arrivait même de faire les deux spectacles en même temps, parfois les deux le même soir. P-A marquait des points et il prenait beaucoup de galon.

«À ce moment-là, nous avons décidé d'aller de l'avant pour la production d'un *one man show*[11]. Nous étions prêts. Nous avions maintenant la certitude que P-A était fiable, loyal et passionné. Il y eut 156 représentations lors de sa première année en première partie de Peter et aucun spectacle n'a été reporté. C'est énorme! Moi qui suis dans le domaine de l'humour depuis 15 ans, je n'ai jamais vu ça. Nous avons donc mis en vente les premiers billets pour son spectacle *Plus gros que nature*. Avant même la première représentation, nous en avions déjà vendu près de 26 000.» Sa participation à Avenir Lac-Mégantic propulsa aussi sa popularité de beaucoup. Il fut alors révélé aux yeux des téléspectateurs.

«Aujourd'hui, nous sommes très heureux des résultats. Outre P-A et sa capacité à être un excellent raconteur

---

11. Le contrat de production se résume ainsi: P-A Méthot devenait, en production de spectacles, une propriété de Groupe Entourage. Il devenait un partenaire d'affaires et devait ainsi s'exécuter en «spectacles». Le Groupe Entourage était quant à lui responsable du financement, de la préproduction, de la production, de la diffusion et de la promotion du spectacle.

Publicité imprimée pour *Plus gros que Nature*

et humoriste, nous étions entourés d'excellents coéquipiers, tels que Marc Gélinas (lire Un travail plus grand que nature derrière *Plus gros que nature*: le récit de Marc Gélinas, metteur en scène en page 165) et Peter MacLeod. Nous sommes tous fiers du travail accompli. Il est même déjà conclu qu'on ira de l'avant pour la production d'un deuxième *one man show*.» Selon les dires d'Eric Young, d'autres projets sont aussi en processus de réflexion, notamment pour la télé. «Statistiquement parlant, P-A est en route pour vendre près de 350 000 billets. Il va se rendre très loin. L'offre est très élevée en humour et la demande pour P-A est très forte. Il jouit d'une belle reconnaissance du public et c'est ça, la vraie popularité. Malgré le peu de reconnaissance que lui octroie jusqu'ici l'industrie.»

UN **TRAVAIL PLUS GRAND QUE NATURE** DERRIÈRE
PLUS GROS QUE NATURE:
LE RÉCIT DE MARC GÉLINAS, METTEUR EN SCÈNE

«Il y a une douzaine d'années, lorsque je travaillais à la mise en scène d'un gala du *Grand Rire Bleue* (aujourd'hui *ComediHa! Fest-Québec*), j'ai rencontré P-A Méthot. Il faisait partie lui aussi du gala, mais je ne le connaissais pas. Par contre, je savais qu'il venait de Québec. Quand je l'ai vu en pleine action, je l'ai trouvé incroyable. Il avait la faveur du public. Les gens réagissaient beaucoup et je voyais le talent et le potentiel de cet humoriste. Je le voyais sur scène de plus en plus souvent et je le voulais à mon gala. Je voulais travailler avec lui.»

Marc Gélinas, frère du célèbre humoriste Jean-Claude Gélinas, est producteur de contenu au Groupe Entourage. Avant de collaborer avec P-A, c'est avec Peter MacLeod qu'il a commencé au sein de la boîte de production. «J'ai fait la mise en scène de son dernier spectacle, *Sagesse reportée.*» À l'époque, je venais tout juste de me joindre à Entourage. Les dirigeants de chez Entourage me parlaient souvent de P-A et on ne comprenait pas pourquoi il n'avait toujours pas de *one man show*. De fil en aiguille, on le voyait évoluer. De son côté, son gérant revenait souvent à la charge afin qu'on produise quelque chose pour P-A. On lui a finalement demandé de nous envoyer les textes de P-A et, à notre grande surprise, il n'avait rien de tel! Tout le monde chez Entourage était subjugué. P-A s'est donc mis au travail et il nous a fait parvenir sa fameuse bible, qui comprenait énormément de matériel» (lire La «bible» de P-A : une écriture fastidieuse, mais nécessaire en page 160).

Puis, vint le moment où P-A débuta les premières parties du *one man show* de Peter MacLoed.» Le public allait enfin commencer à entrevoir le talent de l'humoriste. «Cette première partie-là de 20 minutes, c'était vraiment le meilleur de P-A Méthot. J'ai travaillé avec lui au contenu et à la mise en scène avec Peter. P-A est unique. Il travaille d'une certaine façon. Il a besoin d'être encadré continuellement. Contrairement à d'autres humoristes avec lesquels je travaille, j'étais à temps plein sur la préparation de son spectacle. Durant son rodage – et encore aujourd'hui –, j'allais voir ses spectacles régulièrement et je notais ce qui était sujet à amélioration. Je partais avec lui en tournée et je filmais ses prestations pour qu'il se voie. Ça a demandé énormément de préparation, car il n'avait pas de méthode de travail à proprement parler.»

Tout cela n'était qu'un prélude nécessaire à la mise en place de la mégaproduction que deviendrait *Plus gros que nature*. «Pour la script-édition de *Plus gros que nature*, on est partis de quelques numéros qu'il avait écrits. Pour le visuel du spectacle, c'est Robert Boulos de chez Farweb qui a proposé qu'on aille de l'avant avec un décor gonflable. Puisque P-A est un ambassadeur aguerri de la Gaspésie, on a pensé au rocher Percé. Puis nous est venue l'idée d'incorporer à cet emblème gaspésien des projections vivantes. On y placerait des photos et des vidéos qui parlent de lui, de ses origines, de sa famille, etc. On a donc mis ce ballon gonflable sur scène avec des éclairages et des projections. Autre élément de mise en scène : il fallait que P-A bouge. Il fallait absolument trouver un moyen de faire ressortir sur scène son côté musicien et épicurien. On a donc pensé à un numéro de danse. De plus, on a appuyé ses numéros musicaux avec des projections de circonstance. Enfin, puisqu'il est un gars de bar, on a regroupé ses numéros les plus épicés. Ça donne vraiment quelque chose d'intéressant.»

Malgré ses 120 minutes approximatives prévues, il est très fréquent que le spectacle solo de l'humoriste dure 45 minutes de plus. «Plus ça va, plus il se stabilise. Il réagit à ce qui se passe dans le public, donc bien sûr ça peut facilement rallonger le spectacle. Par contre, je l'aiguille fréquemment sur les numéros à ne pas couper et ceux qu'il ne devrait par étirer inutilement. Ça pourrait perdre les gens. Je suis très à l'aise de lui en parler. C'est vraiment un travail d'équipe. Même si le spectacle a beaucoup changé depuis le début, je m'assure qu'il y ait une constance.»

Chaque fois qu'il y a un événement avec P-A, Marc Gélinas y travaille. Qu'il s'agisse de son gala au *ComediHa!* *Fest-Québec* ou de son *P-Arty 80*, le metteur en scène connaît la marche à suivre pour faire ressortir le meilleur de l'humoriste. «Je le connais de A à Z. Je sais comment l'amener d'un point A à un point B. Je sais aussi qu'il a certaines limites au niveau de son attention. Par exemple, on peut difficilement «*brainstormer*» plus d'une heure. En travaillant étroitement avec lui, j'ai vraiment pu apprendre à connaître l'homme qu'il est. Il est franc, généreux et très reconnaissant. J'ai beaucoup de plaisir à travailler avec lui et pour son spectacle. Il a travaillé fort pour arriver où il est et je suis très fier de lui.»

PAS DE **PREMIÈRE PARTIE POUR P-A!**

Serait-il dans les plans de greffer une première partie «officielle» au spectacle solo actuel de P-A ou à ses prochains spectacles, comme il est courant de le faire dans le milieu de l'humour? «Le moins possible», nous répond P-A. Il ne voudrait pas instaurer une certaine confusion dans le public et allonger son spectacle à outrance. Comme il adore garder son public en haleine le plus longtemps possible, parfois pendant plus de deux heures trente, il ne voudrait pas prolonger indûment la soirée de ses spectateurs. Bien qu'il ne soit pas chaud à l'idée, l'humoriste ne ferme pas complètement la porte. Pour aider un bon ami humoriste, par exemple, la question ne se poserait probablement pas très longtemps. Avis aux intéressés!

Néanmoins, la première partie d'un *one man show* sert bien souvent à propulser un humoriste débutant et P-A, dans toute sa modestie, ne considère pas qu'il a encore la notoriété nécessaire pour ce rôle à ce stade-ci de sa carrière.

LE ROCHER PERCÉ AUX
QUATRE COINS DU QUÉBEC

Au début de sa carrière d'humoriste, P-A ne jurait que pour les *stand-up comics* et leurs prestations sans artifices. Il va sans dire que sa résistance à l'idée de créer un décor pour son propre *one man show* était très forte. Puisqu'il se considérait à l'époque comme un «humoriste-conteur», dans la lignée des humoristes américains, il était clair dans sa tête qu'un décor ne pouvait lui être d'aucune utilité. Bref, il n'en était pas question.

Le fameux Rocher percé lors de *Plus gros que nature*

Alors comment en est-on arrivé à lui faire accepter qu'un décor pourrait constituer la pièce manquante du casse-tête de mise en scène de son spectacle ? Il aura fallu à son collègue et ami Peter MacLeod, Eric Young, son producteur chez Groupe Entourage et Marc Gélinas, son metteur en scène, une bonne dose de persévérance afin de lui faire accepter l'idée.

On reconnaît désormais le spectacle *Plus gros que nature* à son giga ballon en forme de rocher Percé, pensé par Robert Boulos, de chez Farweb[12]. D'un réalisme impressionnant et atteignant rapidement la forme et le volume voulus – on ne compte pas plus de 45 secondes pour le gonfler –, il est devenu

PAS DE FLA-FLA !

Dans le spectacle *Plus gros que nature*, la présence sur scène de P-A a tout ce qu'il y a de plus simple. Elle mise sur l'authenticité et le naturel de l'humoriste. Pas de personnages, ni costumes ni fla-fla. On le reconnaît plutôt à son modeste habit de scène comprenant une chemise de garagiste, des souliers Adidas et des jeans roulés, un micro et un pied de micro. Et le tour est joué ! Toutefois, le décor original qui l'entoure est plus recherché et significatif.

---

12. Farweb est une boîte spécialisée dans la production, la postproduction, le design et la scénographie. www.farweb.tv.

sans contredit un élément essentiel de son spectacle. D'ailleurs, son équipe de tournée le trimballe invariablement d'une salle de spectacle à l'autre.

PLUS « **ORIENTÉ CLIENT** »
QUE ÇA, ÇA NE SE PEUT PAS !

Considérant la façon particulière qu'a P-A Méthot de percevoir son public comme n'étant qu'un, on pourrait également dire qu'il est « orienté client » comme ce n'est pas possible.

En effet, P-A possède un sens de l'observation bien aiguisé. Il s'en sert d'ailleurs fréquemment dans le but de s'assurer que tout le monde soit à l'aise et passe un bon moment en sa compagnie. Il lui est même déjà arrivé d'aller se procurer une bouteille d'eau, en coulisse, pour ensuite revenir dans la salle trois secondes plus tard et l'offrir généreusement à une dame éprise d'une toux tenace !

Prenez garde, toutefois. L'humoriste voit tout. S'il fallait qu'un spectateur utilise délibérément son téléphone cellulaire en plein milieu de son spectacle, il n'en faudrait pas plus pour que cela lui passe sous les yeux. Alors là, vous n'auriez pas droit à un traitement de faveur, mais à de sérieuses remontrances – quoique toujours respectueuses – devant le public.

Courtoisie du Groupe Entourage © Éric Myre

P-A en pleine action lors de *Plus gros que nature*

Publicité imprimée

UNE INDUSTRIE SÉRIEUSE

LES BARS, UN **PASSAGE OBLIGÉ**

«Les bars, c'est un passage obligé tant que la clique des humoristes ne te fait pas une place», nous confie P-A Méthot. C'est d'abord et avant tout un terrain de jeu pour les humoristes, qui leur permet de mieux saisir les tenants et aboutissants de ce milieu concurrentiel et sans pitié. Ils ont non seulement la chance de tester leur humour, leurs textes et leurs personnages, mais également d'adapter soir après soir leurs performances selon les réactions du public. De plus, tout humoriste qui entreprend sa carrière se lance seul. En règle générale, il est très rare qu'un novice soit entouré d'une équipe lorsqu'il se produit sur scène. La plupart du temps méconnu, un débutant n'a d'autre choix que de planifier lui-même son calendrier «se bookant» partout où il lui est possible de se rendre.

Or, par choix ou par faute de possibilités d'avancement, plusieurs humoristes exercent pendant longtemps leur métier en cumulant les prestations dans les bars et divers festivals. Arrivés à une certaine étape de leur carrière, certains humoristes ayant débuté dans les bars songent à se rendre plus loin encore. C'est alors que plusieurs, souvent à la bonne place et au bon moment, ont la chance de s'allier à une boîte de production pour la production d'un *one man show* en salles.

Malgré cela, il n'est pas rare de voir un humoriste ayant achevé la tournée de son spectacle solo se produire à nouveau dans les bars. Bien sûr les cachets sont généralement plus élevés qu'à ses débuts. Or, loin d'être un retour en arrière, il s'agit plutôt d'une roue qui tourne, d'un cycle qui recommence. À chaque fin un nouveau départ. L'humour ne déroge manifestement pas à ce principe.

LES **ÉCHELONS DE L'HUMOUR**
SELON STEEVE GODBOUT

Steeve Godbout, « God » – comme l'appelle affectueusement P-A –, fort de son expérience de 13 années en humour à titre de *booker* et de gérant, nous parle d'une classification bien à lui des humoristes :

- les humoristes de la relève ;
- les humoristes de la relève semi-établis ;
- les humoristes établis ;
- les *stars* de l'humour (dont P-A Méthot fait actuellement partie) ;
- et les *superstars* de l'humour, façon Jean-Michel Anctil.

Le gérant de P-A se plaît même à dire qu'une aura toute particulière flotte autour de ces derniers, presque comme s'ils étaient devenus insaisissables où ils se trouvent, c'est-à-dire au sommet. Ces différentes catégories se mesureraient vraisemblablement au prestige qu'ils atteignent ainsi qu'aux cachets que leurs gérants réussiront à obtenir pour leurs prestations.

Serait-il dans les plans du « travailleur de l'ombre » de propulser P-A au rang des *superstars* ? Voyons voir comment s'écrira la suite, car n'oublions pas qu'en humour le travail acharné et la chance se côtoient beaucoup.

LE MÉTIER ET LE RÔLE
DU *BOOKER* EN HUMOUR

Au début de leur carrière, de nombreux humoristes font appel à un ou plusieurs *bookers*. Chacun est responsable d'une ville ou d'une région particulière, afin d'obtenir des contrats dans les bars et de négocier les cachets de l'artiste. Généralement, les *bookers* touchent une commission de 20 % sur le cachet obtenu. Bien que travaillant en étroite collaboration, *bookers* et humoristes ne sont généralement pas liés par contrat ou par toute autre forme d'engagement officiel. De même, il arrive qu'un humoriste, de par son fort potentiel et son nombre grandissant de représentations publiques, se fasse remarquer par un *booker*, et qu'il lui propose de devenir son *booker* exclusif. À ce moment-là, un contrat devra être signé afin d'officialiser l'entente.

D'autres humoristes, bien qu'ils soient plus rares, choisissent plutôt de prendre la responsabilité de cette lourde tâche qu'est le *booking*. Ils récoltent ainsi l'entièreté du cachet négocié.

ET **LE SALAIRE**, DANS TOUT ÇA?

Conscient qu'il est bien loin de greffer des cœurs ou de travailler à un quelconque avancement utile à la société, P-A admet éprouver un certain malaise par rapport au salaire qu'il gagne en tant qu'humoriste. Malgré tout, le fait qu'il chausse différents souliers n'est pas sans le rassurer sur la légitimité des sommes importantes qu'il gagne. Ainsi, il se considère non seulement comme humoriste, mais également responsable de l'activité, créateur d'emplois et instigateur du rire. En somme, il est le pivot sur lequel repose tout le spectacle *Plus gros que nature*.

L'ÉVOLUTION DES CACHETS
D'UN HUMORISTE

Dans l'industrie de l'humour, il existe certaines références en matière de cachets pour les prestations dans les bars ainsi que les événements corporatifs et les festivals. Les cachets varient aussi selon la notoriété et la réputation de l'humoriste. Au dire de Steeve, les cachets des humoristes ont beaucoup évolué au cours des 25 dernières années à mesure que cette industrie s'est développée. Les humoristes réputés, en particulier ceux qui ont la chance d'avoir un *one man show* à succès, occupent généralement le haut du pavé pour leur rémunération au Québec.

« Quand tu fais de l'argent au Québec, c'est pas tant ce que tu fais... c'est qui tu es. »

Malgré cela, il ne faudrait pas croire que tous les humoristes roulent sur l'or. Comme la concurrence est de plus en plus vive et que les moyens de diffusion ont explosé depuis quelques années, ils n'ont d'autres choix que d'adapter leurs stratégies en conséquence.

«Quand tu fais de l'argent au Québec, c'est pas tant ce que tu fais... c'est qui tu es», pense Steeve Godbout.

LE MOT DE LA FIN
DES DEUX FEMMES DE SA VIE

P articulièrement fières de leur homme et du chemin parcouru, la mère et la conjointe de P-A nous livrent, chacune à leur façon, un témoignage touchant et inspirant.

« Je pense que ce qui l'a amené là où il est aujourd'hui, ce sont sa ténacité et sa persévérance. Quand il veut quelque chose, il n'en démord pas. Il ne lâche pas le morceau jusqu'à ce qu'il ait obtenu ce qu'il voulait. C'est ce que j'admire chez lui. Je l'ai toujours connu comme ça, mon Paul-André. Je pense lui avoir inculqué de bonnes valeurs, comme le respect des autres et la générosité. Il adore les personnes âgées, les enfants, les handicapés. Il est toujours le premier à se battre pour les défendre. Il a un bon cœur. Sinon, l'avez-vous déjà entendu argumenter ? P-A, c'est tout un argumentateur ! Pour prouver qu'il a raison, il est capable d'argumenter jusqu'à ce qu'on se tanne et qu'on aille se coucher. Il faut qu'il gagne, même s'il n'a pas raison. Malgré cela, je dois dire que ses qualités l'emportent haut la main sur ses défauts. J'aime mon fils et je suis très fière de lui. Ça me fait toujours un petit velours de le voir sur scène et de voir qu'il fait rire les gens.

J'aime ce qu'il fait. Quand il nous a annoncé qu'il lâchait l'université pour se lancer en humour, ça ne nous a pas plu tout de suite, son père et moi. Mais on l'a laissé aller et on a eu raison de lui faire confiance. Il nous a prouvé qu'il était capable de réussir. Et là, que mon fils ait un livre qui porte son nom, ça me touche. Ça me fait vraiment de quoi. Ça n'arrive pas à tout le monde. J'aimerais qu'il continue de progresser parce que ça va bien, ses affaires. J'aimerais que ça n'arrête pas en chemin, que ça continue le plus longtemps possible. »

– Desneiges Méthot, maman de P-A

« P-A, c'est le même gars que j'ai toujours connu. Malgré le succès, il est resté fidèle à lui-même. Il peut définitivement se vanter de ça, car ce serait facile de faire autrement. Quand il arrive à la maison, on rit, on jase, on a du fun. Ça s'est toujours passé comme ça depuis qu'on s'est rencontrés, plusieurs années avant son *one man show*. C'est certain qu'il n'a pas un métier traditionnel, mais je trouve ça tripant. Justement parce qu'il ne travaille pas de 9 à 5 du lundi au vendredi, on peut souvent le suivre, notre fille et moi. Il y a beaucoup de mouvement dans nos vies et j'aime ça. C'est certain que nos petites sorties au centre commercial ou à l'épicerie sont devenues de véritables escapades au fil du temps, mais ça fait partie de la *game* et je suis à l'aise avec ça.

Aussi, je suis une fille qui aime bien rire, donc je suis choyée. Mais mis à part le fait qu'il me fasse rire, sa patience est une autre de ses qualités que j'admire. Il est extrêmement patient et très méthodique. Il ne pogne jamais les nerfs pour rien. Je crois que c'est en partie grâce à cette facette de sa personnalité qu'il s'est rendu si loin. Je l'ai vu travailler vraiment fort et bûcher pendant longtemps et je suis très fière de lui pour ça. Son cheminement n'a pas été facile, mais le succès qu'il récolte aujourd'hui est une belle récompense. Je l'adore!»

– Véronique Parent, fiancée de P-A

ÉPILOGUE DE P-A MÉTHOT

Un livre sur moi, je dois dire que c'est un peu irréel, mais très flatteur. Honnêtement, au moment d'écrire ces lignes, je suis engagé dans ce projet-là et, en même temps, je me sens à moitié engourdi. C'est difficile à expliquer. Je sais qu'on est en train de le faire, mais c'est comme si je n'en réalisais pas l'ampleur. Quand ce livre sera sorti, j'ai bien hâte de voir comment je vais gérer tout ça. Vous savez, c'est comme si j'avais peur de passer pour prétentieux ou qu'on pense que je me crois plus important que je le suis en réalité... Je ne pensais pas que je pouvais être si intéressant. Pour moi, ma vie n'a rien d'extraordinaire. Je ne déplace pas des roches avec ma pensée, je n'ai pas combattu de grizzly à mains nues ou quoi que ce soit du genre. J'ai une vie normale. Mais, malgré ça, il y a des gens qui, par affection pour moi, s'intéressent à ma vie. Ce récit leur appartiendra, d'une certaine façon, puisque ma vie tiendra sur une étagère de leur bibliothèque. Donc, oui, il y a certainement un facteur de stress qui vient avec ça. Mais, en même temps, ce n'est pas une biographie à proprement parler, alors ça me rassure un peu.

Mis à part mes craintes et mes insécurités, c'est vraiment un beau cadeau de la vie qu'on m'a donné là. Un livre dont je suis le sujet principal, faut le faire ! Rares sont les gens qui ont le privilège que quelqu'un s'intéresse à eux au point d'en faire un livre... C'est très *cool* comme *feeling*. C'est plus gros que nature. Merci d'ailleurs à vous, qui avez lu le livre et qui l'avez aimé. Merci à tous ceux qui m'écriront, qui m'en parleront quand ils me croiseront dans la rue. Merci de vous intéresser à un bout de ma vie. Tout ce que vous lisez là, je vous assure que c'est du vrai, juste du vrai. C'est du 100 % P-A. Et je serai content si ça peut en inspirer quelques-uns ou quelques-unes.

J'ai vraiment aimé participer à tout ce processus de création : m'asseoir avec l'auteure, répondre à ses questions, me livrer et jaser de ma vie pendant des heures et dans les moindres détails... C'est ma vie de jaser, après tout ! En plus, j'ai un privilège sur n'importe qui d'autre qui tiendra ce livre dans ses mains. Moi, non seulement je lis l'histoire, mais je vois aussi la scène, les personnages et le contexte dans lequel tout ça s'est vraiment passé. Je suis le seul à voir le vrai film dans ma tête. Ça, je trouve ça tripant solide ! Autant j'ai pu triper à raconter tout ça à l'auteure, autant j'ai trouvé compliqué de devoir me replacer dans le bon espace-temps chaque fois que je racontais quelque chose. Mais j'ai trouvé l'exercice au complet extraordinaire. Quand j'ai pris connaissance du livre pour la première fois, c'est Steeve qui me le lisait à voix haute. Moi, j'écoutais. Je revoyais tous les passages dans ma tête, comme si quelqu'un avait aligné tous mes souvenirs, les avait simplifiés et me disait : « Tiens, c'est ça le scénario de ta vie. » Écrire un livre sur une vie au complet, c'est beaucoup de travail, de précision. Je vois tout le travail qu'il y a derrière ça. On ne peut pas se permettre de raconter des anecdotes sans connaître les vrais faits, sans avoir une vision détaillée de chaque événement. Dans la vie, je n'ai pas de problème à parler de moi, mais je suis somme toute assez discret au sujet de ma vie privée. J'expose rarement ma famille, particulièrement ma fille et ma femme. Mais, pour le bien de ce livre, j'ai livré plusieurs choses assez personnelles et j'aurai à les assumer. N'empêche que ma vie de famille restera toujours un sujet délicat sur lequel je ne m'éterniserai pas en entrevue avec les médias. Je continuerai à les garder sous une bonne couche protectrice. Je suis d'ailleurs très content qu'on ait respecté mon besoin de discrétion à ce sujet dans ce livre. De plus, je dirais que ce sont souvent les mêmes questions qui reviennent en entrevue avec les journalistes. Là, on ne s'en est pas tenu à ça. On est allé creux. On est allé très creux. Il m'a fallu revivre certains moments plus pénibles, d'autres moins pénibles. J'ai dû replonger dans tous ces souvenirs, certains que j'avais même oubliés. C'est comme si je m'étais vidé. Ça m'a fait du bien... Ça m'a aussi fait revivre des émotions que je vivais à une époque où j'étais plus fringant, plus jeune, plus fou. En ce sens, ça m'a donné de l'énergie.

Je pense qu'avec un livre on laisse une trace dans le temps. On marque un temps d'arrêt. Imaginez, quand ma fille aura 40 ans, ça se peut qu'elle se retrouve dans une bouquinerie de livres usagés et qu'elle voie la face de son papa sur un livre. C'est extraordinaire ! En plus, elle est arrivée à une époque de ma vie qui est relatée dans le livre. C'est certain que ça m'apporte un grand sentiment de fierté. C'est vraiment un accomplissement familial. Il y a quelque chose de vraiment touchant là-dedans. À un point tel que je ne sais pas si j'aurais eu la même réaction face à ce projet si je n'avais pas eu ma fille dans ma vie. Aussi, le fait que le livre finisse avec le témoignage de mes chums, des gens que j'aime et pour qui j'ai tellement de respect, ça m'a beaucoup touché. Ces gens-là, je les connais, je les côtoie, je leur dis que je les aime et je les serre dans mes bras. Mais là, le fait qu'ils parlent de moi de cette façon... Wow! J'ai même versé une larme en les lisant.

Sans eux et sans tout ce beau monde qui a gravité autour de ce projet d'envergure, ce livre n'aurait jamais vu le jour. J'offre mes remerciements sincères à l'auteure, Gabrielle Dubé, à l'éditeur, Sylvain Harvey, à Steeve Godbout, mon gérant, mon frère et ami qui s'est assuré de l'exactitude de tout ce qui est raconté. On lui a même découvert un talent d'auteur! Merci également à tous ceux qui ont aidé à faire de ce projet un livre.

Vous savez, malgré les embûches et le succès, je suis resté simple. Il faut rester soi-même. *Get real* et *live your life*! Ça ne sert à rien de s'inventer un personnage, de s'inventer de fausses aptitudes... Il faut savoir qui on est. Il faut savoir s'affirmer, tout simplement. Ça ne sert strictement à rien d'être autre chose que ce que l'on est. Ça, je l'ai compris. Mon deuxième conseil? Aime! Aime tes amis, ta blonde, ton chum, les animaux, les plantes, la vie... C'est important d'aimer. C'est un bel exercice. L'amour, ça ne donne pas de courbatures. Ris! Vis! *That's it, that's all*! Et persévère. La persévérance n'ouvre pas les portes rapidement, mais ça vaut le coup. Parfois, il faut être assez intelligent et humble pour se rendre compte qu'on n'est pas à la bonne place. C'est important de le réaliser, ça. Il faut que tu te connaisses assez pour savoir où tu peux aller, ce que tu peux RÉELLEMENT faire. Il faut être réaliste.

Et maintenant? Qu'est-ce qui se passe au terme de ce livre?

Je suis encore un humain heureux, je mords dans la vie, je suis un papa choyé, un conjoint comblé. La vie est bonne. Et j'ai envie de continuer à faire rire les gens parce que j'aime ça. J'aimerais aussi ouvrir un resto. J'aimerais que ma fille fréquente une bonne école et qu'elle soit heureuse. Je lui souhaite sincèrement de briller toute sa vie. Parce que, quand t'essaies de briller et que tu ne brilles pas, c'est fatigant. C'est épuisant. Je lui souhaite de garder son sourire, sa folie, son énergie et sa capacité à vouloir tout connaître et de continuer à tout apprendre à une vitesse phénoménale. Je souhaite qu'elle fasse ses propres choix et qu'elle fasse ce qui lui plaît. Je pense l'avoir guidée en ce sens et je suis fier d'elle. J'aimerais voyager un peu, aussi. J'aimerais vraiment passer une année complète avec ma famille, loin des projecteurs. Quand? Je ne sais pas. Dans quelques années, assurément.

J'aimerais accomplir quelque chose. Je me donne beaucoup pour la cause de la santé mentale, mais j'aimerais accomplir quelque chose de plus grand encore. Cette année, j'ai aidé un ami à se faire soigner en Allemagne suite à un cancer. Je souhaite aider le plus grand nombre de personnes possible. J'aime que les gens soient heureux. J'aimerais trouver LA bonne idée qui réconforterait, qui aiderait et qui amuserait beaucoup de gens sans qu'ils aient à débourser des sous. Quoi donc? Je ne sais pas encore. Une chose est certaine, c'est que j'aimerais continuer à faire beau-coup de bien. Je suis assez privilégié dans ma vie pour que je puisse penser aux autres.

J'aimerais que ma mère vive le plus longtemps possible et en santé. Que mes bons vieux chums restent toujours mes bons vieux chums, malgré le succès. J'aimerais que les gens m'aiment encore longtemps. Et que jamais je ne les déçoive. Je souhaite être en bonne santé pour pouvoir continuer à faire mon métier. Si tout va bien, je devrais être capable de relire ce livre dans 40 ans avec ma femme, alors que nous fêterons nos 48 ans de vie commune. On pourra se dire: «Tabarouette, ça fait déjà 40 ans.» Et je dirai aux infirmières qui s'occupent de moi: «Si j'avais de bons yeux, je serais capable de le lire!» Bien sûr, les infirmières ne me croiraient pas quand je leur dirais que c'est moi sur la couverture du livre...

P-A Méthot

ANNEXE 1
P-A MÉTHOT SALUÉ
À L'ASSEMBLÉE NATIONALE

Le 12 mai 2015, déclaration de M. Gaétan Lelièvre, député de Gaspé

Monsieur le Président,
Chers collègues,

Avec beaucoup de fierté, je souhaite souligner le parcours de M. Paul-André « P-A » Méthot, un Gaspésien qui œuvre sur la scène humoristique québécoise depuis plusieurs années.

Nominé au Gala Les Olivier de dimanche dernier dans la catégorie « spectacle populaire de l'année » pour son premier one man show, Plus gros que nature, *P-A Méthot a déjà vendu près de 200 000 billets pour ce premier spectacle solo. Le 16 mai prochain, il performera à guichets fermés au Centre Bell.*

Cette ascension au sommet du monde de l'humour québécois ne s'est toutefois pas faite du jour au lendemain. Le métier d'humoriste demande énormément de persévérance et d'efforts, d'autant plus lorsqu'on vit en région. Je voudrais de plus souligner le soutien exceptionnel de ses parents, M. Raymond Méthot et Mme Desneiges Méthot. Mme Méthot est d'ailleurs présente dans les tribunes, de même que la conjointe de P-A, Véronique Parent, et son gérant Steeve Godbout.

Enfin, je me dois de mentionner l'implication de P-A Méthot en tant que porte-parole de la Fondation de

l'Institut universitaire en santé mentale de Québec et des centres de crise du Québec. Étant bipolaire, P-A Méthot démontre courage, détermination et générosité en mettant à profit sa notoriété au service des personnes qui comme lui sont affectées par cette maladie, aujourd'hui surmontable. Il en est l'exemple concret.

P-A, comme tu te plais à le dire souvent, tu es un «humain heureux». Sache que tu es également un ambassadeur pour le Québec et un élément de très grande fierté pour les Gaspésiennes et les Gaspésiens. En leur nom, je te dis merci et te souhaite le plus grand des succès dans la poursuite de ta carrière.

Récipiendaire Billet Double Platine ADISQ 2015

- 200 000 billets vendus avec *Plus gros que nature*

Nomination au Gala Les Olivier édition 2015

- Spectacle le plus populaire avec *Plus gros que nature*

Nomination au Prix du dépassement Métro 2015 – volet humour

- Implication auprès de la Fondation de l'Institut universitaire en santé mentale de Québec

Nominations au Gala Les Olivier édition 2014

- Spectacle d'humour de l'année avec *Plus gros que nature*
- Olivier de l'année

Nomination au Gala de l'ADISQ édition 2014

- Spectacle de l'année – Humour avec *Plus gros que nature*

Récipiendaire Billet Platine ADISQ 2014

- 100 000 billets vendus avec *Plus gros que nature*

Récipiendaire Billet Or ADISQ 2013

- 50 000 billets vendus avec *Plus gros que nature*

Récipiendaire Billet Argent ADISQ 2013

- 25 000 billets vendus avec *Plus gros que nature*

Nomination au Gala Les Olivier édition 2013

- Découverte

Nomination au Gala Les Olivier édition 2010

- Découverte

Récipiendaire Nez d'or du festival *Le Grand Rire de Québec* édition 2007

- Révélation

Récipiendaire Gala des Tibo édition 2004-2005

- Coup de cœur du public

Publicité imprimée pour *Plus gros que nature*

Publicité imprimée pour *Plus gros que nature*

Publicité imprimée pour *Plus gros que nature*

Courtoisie du Groupe Entourage

Publicité imprimée pour *Plus gros que nature*

OFFREZ UNE FÉE ENVELOPPÉE!

P-A MÉTHOT

ST-DENIS ★ DIX30

entourage SPECTACLE

Publicité pour *Plus gros que nature*

P-A entouré de Steeve Godbout, Eric Young et Christian Giguère lors de la remise d'une plaque soulignant la 300ᵉ représentation de *Plus gros que nature*

P-A entouré d'Yvon Deschamps et Jean-Michel Anctil de même que de Lise Dion lors d'un souper à Québec pour fêter le doublé : 60ième anniversaire de naissance et 40ième anniversaire de carrière de François Léveillée

Durant *Plus gros que nature*

Durant *Plus gros que nature*

Durant *Plus gros que nature*

Courtoisie du Groupe Entourage © Eric Myre

Durant *Plus gros que nature*

Publicité imprimée pour l'événement *P-Arty 80 – Back To The Coiffure* au Centre Bell de Montréal

P-A avec Peter MacLeod et Steeve Godbout à la sortie des studios de CKOI Montréal

P-A avec Marie-Christine Leblanc et Denis Coderre lors du tournage de l'émission *Québec par cœur,* édition 2014 du Carnaval de Québec

Peter MacLeod, P-A et Dominic Paquet, au festival *Le Grand Rire de Québec*, 2014

P-A avec Steeve Godbout et Nicolas Gignac (magicien) lors du gala de l'ADISQ, 2014

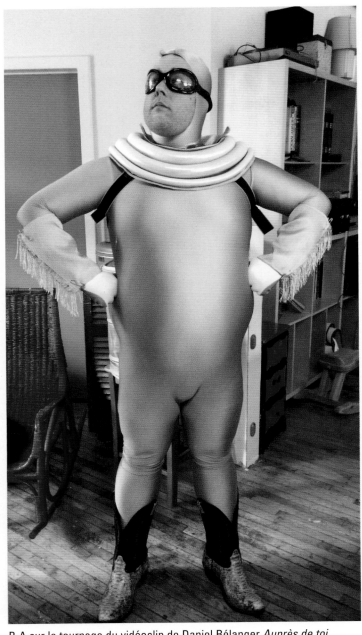

P-A sur le tournage du vidéoclip de Daniel Bélanger *Auprès de toi*

ANNEXE 3
P-A MÉTHOT SELON...

10 artistes de l'humour et amis de P-A nous parlent de lui.

PETER MACLEOD

Leur première rencontre: «C'était pendant un spectacle corporatif. Je me souviens que P-A faisait un numéro avant moi. Je l'avais trouvé vraiment bon. Quelques années plus tard, on s'est retrouvés tous les deux dans un bar de Québec le même soir. Je m'en souviens très bien car c'était le jour de ma fête, en avril. C'est lors de cette soirée-là que je lui ai offert de faire ma première partie. J'y tenais vraiment, parce que, là, je réalisais vraiment à quel point il se démarquait des autres. Tout le monde savait qu'il était drôle et bon, mais peu étaient prêts à s'investir avec lui en raison de certains aspects de sa personnalité. Moi, j'ai choisi d'investir en lui parce que je croyais en lui. Je lui ai présenté ma gang et ce fut le début d'une belle histoire.»

Collaborations: «Quatre années de suite, P-A, Dominic Paquet et moi, on a fait notre fameux numéro collectif classique. On y jouait le rôle de trois *boys* qui se trouvaient des activités à faire uniquement pour ne pas être avec leur femme. Ces numéros avaient lieu pendant le *Grand Rire de Québec.*»

Comment décrire P-A Méthot en une seule phrase ? : «Attachant! C'est pendant mon *one man show* que j'ai vraiment connu le personnage P-A, puisqu'il habitait chez moi. J'ai découvert en mon coloc', partenaire de scène et ami un homme extrêmement humain, simple et généreux.»

«D'un autre côté, plus ça allait et plus son hygiène de vie et ses choix personnels me tapaient sur les nerfs. Il était tellement différent de moi! Puisque je suis du type protecteur et que je prends soin des gens que j'aime, j'ai essayé par tous les moyens de l'aider à prendre plus soin de lui. Mais je me suis bien rendu compte que je ne pouvais pas le changer. J'ai alors décidé de lâcher prise et ça a été très libérateur pour moi. Au niveau professionnel, je pense que j'ai pu lui apporter la structure, la ponctualité et la rigueur qui lui faisaient peut-être défaut. N'empêche, dès le début il a été mon coup de cœur. Ce n'est pas pour rien que je l'ai approché pour ma première partie. Me connaissant, avec un rythme de croisière assez effréné sur scène, il fallait que je m'associe avec un humoriste qui aurait la capacité de faire rouler une salle en 15, 20 ou 25 minutes. Il faut dire que, quand les gens viennent voir un spectacle d'humour, ils déboursent de leur poche. Ils s'attendent à être surpris et à en avoir pour leur argent, en première partie, notamment. Il ne faisait pas de doute que P-A y arriverait. Et il y est arrivé. Il n'y a pas une journée qui passait sans que je me dise que j'avais pris la bonne décision.»

FRANÇOIS LÉVEILLÉE

Leur première rencontre: «On s'est rencontrés à Québec, c'est Mario Grenier qui me l'a présenté. Il m'a demandé des conseils afin d'améliorer ses numéros suivants. Je trouvais qu'il avait beaucoup de talent, musicalement parlant – puisqu'à l'époque il jouait de la guitare sur scène –, mais aussi dans ses gags. Il avait vraiment une belle dynamique. Je lui ai donc donné un coup de pouce parce que je croyais en son talent.»

Collaborations: «Il a fait la première partie d'un de mes spectacles dans un bar à Québec. C'était la première fois que j'avais l'occasion de le voir sur scène. Par la suite, je n'ai pas hésité à l'inviter à un gala que j'animais et il a vraiment *scoré*. Quelque temps plus tard, je lui ai demandé de participer avec moi à un sketch musical qui serait présenté lors du *Grand Rire de Québec*, dans le volet international. Il s'agissait de personnifier un vieux band de rock. Bref, un vrai orchestre de petits vieux avec des guitares électriques, des costumes et tout. Dans ce sketch, P-A jouait le rôle de mon petit-fils. C'était il y a cinq ans je pense, la dernière année que j'ai animé un gala. Enfin, la dernière fois qu'on a travaillé ensemble, c'est lui qui m'a invité à son gala *ComediHa! Fest-Québec* en juin 2015. Je lui ai même demandé de participer à mon numéro.»

Comment décrire P-A Méthot en une seule phrase?: «Ce qui est intéressant avec P-A, c'est son humilité et sa compassion. Il me fait penser à un travailleur social, en quelque sorte. Il est très conscient de qui il est et il est très humble devant son succès. Il n'a aucune malice et fait toujours preuve d'une grande empathie. Il n'a pas peur de parler de ses faiblesses, ce qui lui attire un fort capital de sympathie de la part du public. Il n'a pas la grosse tête malgré sa popularité, il est resté le même gars. Il n'a pas peur d'aider les autres, non plus. Il a une belle sensibilité et une belle générosité. D'ailleurs, je suis porte-parole de la Fondation Le Grand Chemin au profit des adolescents aux prises avec des problèmes de toxicomanie et il a accepté de participer à trois spectacles-bénéfices pour la cause. Ces spectacles ont eu lieu en octobre 2015 à Québec, Trois-Rivières et Longueuil. Dernière anecdote pour témoigner de sa générosité : à mon 60e anniversaire, P-A m'a offert un pic de guitare de luxe, car il sait à quel point ça me ferait plaisir. Il a visé juste... »

FRANÇOIS BELLEFEUILLE

Leur première rencontre : « La première fois que j'ai rencontré P-A, je pense que c'était aux auditions d'un gala *Juste pour rire* au studio Juste pour rire, qui n'existe plus aujourd'hui. C'était aux alentours de 2009-2010. Je l'ai vu performer cette journée-là et je l'ai trouvé très bon. C'était spécial, car je rencontrais quelqu'un qui avait beaucoup d'expérience, mais qui était peu connu. Autrement dit, son niveau d'expérience ne *fittait* pas avec où il en était dans sa carrière. Ça se voyait tout de suite qu'il avait beaucoup de métier. En plus, le charme qu'il avait sur scène était assez difficile à battre. À l'époque, il était bien connu à Québec, mais à peu près pas à Montréal. »

Collaborations : « On s'est croisés souvent par la suite, surtout dans le circuit des bars. On a développé une belle amitié de coulisse. Il faut dire qu'on est ensemble depuis quatre ans sur les galas de Laurent

Paquin à *Juste pour rire*. Chaque fois, ça fonctionne toujours très bien. Je me souviens aussi d'une fois à Drummondville, on était dans un bar et moi j'étais *headliner*. P-A était dans un moment de sa carrière où tout allait un peu trop vite pour lui (pour le rodage du *one man show*, notamment) et je me souviens qu'il était arrivé en coulisse quelques minutes à peine avant le spectacle. Au lieu d'arriver, d'être pressé et de se dépêcher, il a pris le temps de nous saluer et on s'est vite rendu compte qu'il n'avait rien préparé ! Il nous a demandé : « Donnez-moi trois sujets » et il est parti pour 10 bonnes minutes à déblatérer sur les chihuahuas et autres choses. Et ça se tenait ! Quand j'ai vu ça, ça m'a impressionné. Ça n'avait pas de sens. »

Comment décrire P-A Méthot en un seul mot ? :
« Pur ! Il est pur, il n'a rien de *fake*. Il est très proche de ses émotions. En même temps c'est un dur au cœur tendre. Je sais qu'il est capable d'être méchant s'il le veut, mais jamais il ne sera méchant avec quelqu'un qui ne le mérite pas. Il ne l'a pas eu facile et il est toujours là pour t'écouter, pour t'encourager. »

« Aussi, je dirais que c'est rare de voir des humoristes être sur scène tels qu'ils sont dans la vie. Lui, c'est *what you see is what you get*. Il est très différent de moi, qui fais plutôt vivre un personnage, donc ça m'épate de le voir aller. Je ne pourrais pas faire ce qu'il fait. D'ailleurs, c'est beaucoup plus payant pour lui d'être lui-même que de jouer une *game*. Il aurait pu s'enfler la tête avec son succès, mais ce n'est pas le cas. Je dirais aussi qu'il m'a toujours surpris par son attitude. On en voit beaucoup, en humour, qui ne percent pas et qui deviennent plutôt amers. Ils blâment les autres, souvent. P-A, avant son succès, il était juste content d'être là, de faire ce qu'il avait à faire devant le public. Il s'intéresse vraiment aux gens. J'ai toujours senti que c'était sincère. Il a toujours plein d'anecdotes à raconter. Disons qu'on ne s'ennuie jamais dans une loge avec lui. Dans le fond, ce qui me lie beaucoup à P-A, c'est que nous sommes montés pas mal en même temps dans nos carrières respectives. Ça fait qu'on se suit beaucoup dans les salles de spectacles, on vit souvent les mêmes moments en même temps. »

STÉPHANE FALLU

Leur première rencontre : « On s'est rencontrés dans des spectacles dans un contexte de bars, surtout à Québec et en Beauce. Il y a eu plusieurs premières rencontres, en fait. Nous nous connaissons depuis une quinzaine d'années. »

Collaborations : « On travaille beaucoup tout seuls, tous les deux. On a dû faire pas loin de 50 spectacles ensemble un peu partout au Québec, lors de galas, dans les bars, etc. »

Comment décrire P-A Méthot en une seule phrase ? : « C'est ma grosse guidoune ! Lui et moi, on peut discuter de n'importe quoi. Je le connais bien, on s'appelle de temps en temps. C'est un gars de gang. Il a aussi une tête de cochon. On est fiers de lui parce qu'il a toujours gardé sa conviction de réussir. C'est un gars d'instinct. »

MARC BOILARD

Leur première rencontre : « On s'est croisés dans des spectacles au début de ma carrière alors que j'étais gérant d'artistes. La première rencontre officielle, c'était en juin 2004. P-A animait au bar le Clac (aujourd'hui mieux connu sous le nom du Pub Sympathique) à Charlesbourg alors que j'étais *headliner*. Cette soirée-là, un ami Français à moi, Fabien, que j'avais connu en Floride alors que j'étais plus jeune, a décidé qu'il venait s'installer à Québec. Il a lu dans le magazine *Québec Scope* que P-A Méthot présenterait un spectacle au Clac. Il s'y est donc rendu. Il a hurlé, tellement il trouvait P-A drôle ! Pour un Français, ce n'était pas peu dire. Nous étions plusieurs à lui demander pourquoi il n'avait pas encore sorti de spectacle complet en salle. Ça a été long, ses projets changeaient souvent.»

Collaborations: «On s'est vus assez souvent par la suite. Par exemple, à l'été 2014, on a monté un spectacle années 80 ensemble. C'était une proposition que j'avais moi-même soumise à *Juste pour rire*. Je me suis souvenu du gars que j'avais vu au Clac avec mon ami Français et j'ai voulu lui donner sa chance. Je me suis fié à mes antennes. Il était pas mal occupé, alors je lui ai proposé de faire seulement deux répétitions. Rien de bien compliqué. Et il a accepté. Le soir du spectacle, il fallait qu'il parte quinze minutes avant la fin pour aller faire une autre prestation à *Juste pour rire* de l'autre bord de la rue. Malgré cette contrainte, ça a été facile, simple et efficace. P-A était à son affaire. Je n'ai rien vu de son TDA ou autre. On a une complicité qui est vraiment agréable.»

Comment décrire P-A Méthot en une seule phrase?: «Un monstre d'enthousiasme envers son métier. Je vois tous les humoristes qui aiment leur travail, mais des fois ça devient... normal. Avec P-A, j'ai toujours trouvé ça *hot* que son enthousiasme ne baisse jamais. Il aime ce qu'il fait.»

JEAN-CLAUDE GÉLINAS

Leur première rencontre : «Notre première vraie rencontre s'est déroulée au Clac à Québec, alors qu'il débutait dans les années 2000. Il animait des soirées d'humour dans les bars, à l'époque. C'est là que je l'ai connu davantage.»

Collaborations : «On a fait au moins une trentaine de *gigs*[13] un peu partout ensemble. Dans des galas (*Grand Rire* et *Juste pour rire*) ou dans différents événements comme son *P-Arty 80 : Back To The Coiffure* au Centre Bell.»

Comment décrire P-A Méthot en une seule phrase ? : «C'est un gros toutou, une grosse boule d'amour ! C'est vraiment un gars de famille. Il prend soin des gens qu'il aime et il est très sensible. C'est quelqu'un qu'on apprivoise rapidement. Aujourd'hui, quand les gens le voient sur scène, ils peuvent constater son aisance et ça, c'est parce qu'il a travaillé pendant longtemps dans des conditions difficiles (bars). Tout ça a forgé l'humoriste qu'il est.

Il m'a toujours fait rire, c'est une espèce de Jean-Marc Parent, mais en plus *cocky*[14]. C'est un gars de commerce agréable. Il est généreux et pas envieux pour deux

---

13. Terme anglophone souvent utilisé dans le milieu du spectacle. Signifie concert, spectacle.

14. Signifie avoir du toupet ou du front tout le tour de la tête. Source : http://www.larousse.fr/dictionnaires/anglais-francais/cocky/570854.

cennes. Il aime travailler en équipe et partager la scène avec d'autres gens. Il apprécie d'ailleurs beaucoup l'humour des autres, il n'est pas du tout compétitif. Pour refléter le respect professionnel que j'ai pour lui, je me dis souvent que j'aimerais avoir la même habileté qu'il a à raconter les choses comme il le fait. Il m'emmène dans un autre univers et j'ai beaucoup d'admiration pour lui.»

JULIEN TREMBLAY

Leur première rencontre : «C'était il y a une dizaine d'années. J'étais allé faire un spectacle en Gaspésie. P-A y animait la soirée et moi je faisais un *headline* de 45 minutes. À la fin, P-A s'est nourri de l'énergie des gens dans la salle et il a fait un autre 45 minutes. Il a pris sa guitare et, pour la première fois de ma vie, j'entendais sa fameuse chanson *1-2-3 doigts dans le cul*. Il était très éclaté!»

Collaborations : «Je me souviens en particulier d'un numéro pendant un *Grand Rire*. C'était à l'occasion du *SPA-Show pour adultes* animé par Étienne Langevin autour de 2006. En 15 ans, on s'est croisés à des spectacles à Québec, en Outaouais et pas mal partout au Québec. J'ai toujours eu du plaisir avec lui. On est des gars de famille. Quand on aime, on aime pour vrai. Ça a cliqué, nous deux.»

Comment décrire P-A Méthot en une seule phrase ? : «C'est un Télétubbies[15] couleur peau! Il est

---

15. Série télévisée britannique destinée aux très jeunes enfants et mettant en scène quatre personnages très colorés nommés Tinky Winky, Dipsy, Laa Laa et Po. Source: https://fr.wikipedia.org/wiki/Les_T%C3%A9l%C3%A9tubbies.

fin, il donne toujours des caresses, les enfants et le grand public l'aiment. Il est généreux et très drôle. »

FRANÇOIS MASSICOTTE

Leur première rencontre : « C'était durant un Gala du *Grand Rire* que j'animais il y a 8 ou 9 ans. Je me souviens que je l'avais trouvé bien sympathique et qu'il avait *scoré* bien fort. L'année suivante, j'ai demandé à avoir P-A Méthot sur mon spectacle solo *Massicotte craque,* mais, puisqu'il était encore considéré comme un humoriste de la relève, ils ont d'abord refusé. J'ai insisté et il a fait ma première partie une dizaine de fois. C'était juste avant qu'il fasse les premières parties de Jean-Michel Anctil et de Peter MacLeod et qu'il ne signe avec Groupe Entourage. Tout le monde a vu le talent et la présence de P-A sur scène. Sa générosité et son authenticité aussi. Il a toujours des ovations debout, même lorsque les gens ne le connaissent pas. »

Collaborations : « Entre 25 et 50. J'étais là quand il a fait son premier Gala à *Juste pour rire.* J'étais anxieux pour lui en coulisse et je l'ai suivi depuis toutes ces années. On a participé notamment à un spectacle d'*Humour Aveugle*, à des festivals d'humour à Tremblant, et j'en passe. »

Comment décrire P-A Méthot en un seul mot ? : « Unique ! Il n'y a personne qui ressemble à P-A. P-A, c'est le seul qui vient de la Gaspésie, le seul qui pèse 300 lb. Il est un conteur qui a des similitudes avec Jean-Marc Parent. Il divague, il se promène... C'est une autre forme d'humour et de pensée qui demande une grande confiance car c'est un risque chaque fois. Il est inspiré, il improvise. Je suis bon ami avec Marc Gélinas, qui fait la mise en scène des spectacles de P-A. Il m'a raconté que c'est unique de travailler avec lui parce qu'il est imprévisible. On a des méthodes différentes de travailler, en fait. Au diable la rigueur pour P-A. Lui, il raconte. Le *punch* sera où il sera ! Ça me fascine. »

« J'ai beaucoup d'affection pour lui. Il est très généreux, c'est un *people person*. Il a une aura de séducteur, de rassembleur. C'est étonnant. Les gens sont attirés vers quelqu'un comme P-A et c'est pour cela que ça marche autant. C'est rare. Il n'a aucune prétention. Les gens le sentent et ils aiment ça. Enfin, à un niveau plus personnel, je l'aime parce qu'il parle beaucoup de sa maladie. Étant moi-même bipolaire, je connais l'influence que ça peut avoir chez les jeunes qui ont de la difficulté à s'accepter. Avec P-A, ils voient qu'on peut réussir et être heureux quand même. Je l'admire beaucoup pour ça. P-A est un bel exemple positif. »

JÉRÉMY DEMAY

Leur première rencontre : « C'était à une soirée *Comique en fou* à Montréal, en 2006 je crois. À l'époque, il était *headline* et moi je faisais un numéro de 15 minutes. Je me souviens de lui comme d'un gros nounours chaleureux. »

Collaborations : « Je me souviens qu'on est allés sur la Côte-Nord ensemble, notamment. On a dû faire une vingtaine de spectacles ensemble. »

Comment décrire P-A Méthot en une seule phrase ? : « C'est un être reconnaissant, chaleureux, aimant, qui sait d'où il vient et il aime le monde. C'est ce qui explique en partie son succès, à mon avis. C'est un bel exemple de patience et de persévérance. J'ai beaucoup d'amour pour lui.»

RACHID BADOURI

Leur première rencontre : «Ma première rencontre avec P-A, je crois que ça s'est passé dans un bar de comédie, à l'époque où il animait des soirées au resto-bar Le Clac à Québec. C'était en 2005 ou 2006. J'étais alors en rodage pour mon spectacle. Je me souviens avoir remarqué un gars assez massif qui représentait, à mon sens, une belle boule d'amour! Je le trouvais tellement humble et gentil. C'est d'ailleurs la première chose qui m'a marqué. J'ai tout de suite su que c'était un gars de famille et un gars rempli d'amour.»

Collaborations : «On s'est croisés par la suite lorsqu'il a commencé son *one man show*. Ce qui m'a étonné, c'est qu'il est devenu une vedette très rapidement et que, malgré cela, il a su gérer son succès d'une belle façon. Pour moi, le talent est un «don de Dieu». Dans son cas, bien sûr qu'il avait du talent, mais son humilité et sa générosité étaient aussi impressionnantes.»

Comment décrire P-A Méthot en une seule phrase ? : «Une montgolfière d'amour! Pas dans le sens de mongol là. En aucun temps, je n'utilise le mot mongol pour le décrire, sauf que, sur scène, son humour est pas mal mongol. C'est un homme bien. C'est un gars de famille. Il place sa famille en priorité et, pour ça, c'est un vrai. Il me rejoint beaucoup à ce niveau-là et c'est pourquoi ça a cliqué beaucoup entre nous.»

«Un jour, son gérant Steeve m'a texté qu'il serait en retard pour un spectacle que je donnais à la salle Albert-Rousseau et m'a demandé s'il pouvait se stationner dans le stationnement réservé aux artistes. À la fin de mon spectacle, j'ai fait une mention spéciale à son gérant pour lui dire à quel point il est chanceux d'avoir un artiste comme lui (en parlant de P-A). Je disais aussi que nous, les humoristes, nous avions hâte qu'il ait enfin le succès tant mérité, que c'était unanime. Tout ça pour dire que mon discours s'est rendu aux oreilles de P-A. Peu de temps après, je recevais un texto de sa part, dans lequel il me disait à quel point il avait été touché. Ce n'était pas un mot banal, c'était littéralement une lettre d'amour ! J'étais très touché. C'est vraiment quelqu'un qui frappe et qui est talentueux.»

L'AUTEURE

Gabrielle Dubé a été rédactrice en chef d'un magazine avant de se lancer dans la rédaction à temps plein. Détentrice d'un diplôme de 2e cycle en édition professionnelle de même que d'un baccalauréat en orientation, elle s'intéresse beaucoup à l'écriture ainsi qu'aux personnes, notamment à leur parcours professionnel. Elle marie ici à merveille ses deux passions dans cet ouvrage qui révèle les diverses facettes de la carrière d'un humoriste.